乡村振兴与乡村治理

谢晓峰◎著

吉林人民出版社

图书在版编目（CIP）数据

乡村振兴与乡村治理 / 谢晓峰著. -- 长春 : 吉林
人民出版社, 2023.11
ISBN 978-7-206-20663-4

Ⅰ.①乡… Ⅱ.①谢… Ⅲ.①农村—社会主义建设—
研究—中国 Ⅳ.①F320.3

中国国家版本馆CIP数据核字(2023)第247088号

乡村振兴与乡村治理
XIANGCUN ZHENXING YU XIANGCUN ZHILI

著　　者：谢晓峰
责任编辑：孙　一　　　　　　　　封面设计：雅硕图文
出版发行：吉林人民出版社（长春市人民大街7548号　邮政编码：130022）
印　　刷：长春市华远印务有限公司
开　　本：700mm×1000mm　　　　1/16
印　　张：7.25　　　　　　　　　字　　数：150千字
标准书号：ISBN 978-7-206-20663-4
版　　次：2023年11月第1版　　　　印　　次：2024年1月第1次印刷
定　　价：68.00元

如发现印装质量问题，影响阅读，请与出版社联系调换。

前　言

　　农，天下之大本也，民所恃以生也。

　　农业是安天下稳民心的基础产业，是社会存在与永续发展的基础支撑，是人类文明积淀与承载的基础依托。中国自古以农为重，国以土为本，民以食为天。为人类提供食物、纤维是农业的主要功能，同时，作为社会重要的基础产业，农业一直在经济发展、文化传承、科普教育、生态保育和社会进步等方面发挥着独特的功能。农业的这种多功能特性在不同历史阶段表现出不同的内涵，即农业为了满足不同时代的需求而相应地产生不同的多功能组合。随着经济社会的快速发展，科技进步日新月异，农业的功能也在不断巩固和拓展，显示出崭新的面貌和广阔的前景。

　　长期以来，在强化农业生产政策的影响下，人们对农业在有意无意中产生了偏颇理解，无论是农业生产经营者还是城乡消费者，都或多或少认为农业就是生产农产品和工业原料，以化肥、农药、设施等一切技术和手段实现农业增产增效增收。对农业持这样的认识所带来的后果是显而易见的。就农业经营主体而言，看不到农业全产业链和价值链的"微笑曲线"，农业成了低效益、无比较优势、无竞争力的产业；其对社会的贡献和作用也被大打折扣。因此，重塑农业对社会的贡献和价值，重视农业的环境保育、增收致富、文化传承等多重功能就显得尤为迫切且重要。

　　立足乡村振兴，围绕农业多功能问题深入开展研究，对于拓展农业功能，满足城乡居民消费升级需求，统筹城乡发展，人与自然和谐发展，稳定和提高农业综合生产能力，促进农业增效、农民增收、农村增绿，进而高水平全面建成小康社会，都有着重大理论意义和现实意义。

　　本书针对乡村振兴与乡村治理进行了综合性的讨论与分析，乡村振兴已经成为我国发展的重要方向，但是在实际建设之中依然存在很多问题，所以需要针对这一方面进行更加深入的分析。本书首先阐述了乡村振兴的相关内容，其次探讨了乡村振兴的相关理论，分析了乡村振兴分类推进战略导向，研究了乡村振兴与乡村治理方式，最后阐述了乡村振兴与乡村治理策略。希望针对相关内容的探索，能够帮助乡村振兴发展，有效改善乡村治理水平，为乡村发展提供保障。

目　　录

第一章　乡村振兴的概述

第一节　乡村振兴的提出背景

2017年10月18日，党的十九大胜利召开，作出了中国特色社会主义进入新时代的科学论断。同时，明确提出实施乡村振兴战略这一重大历史任务。回顾中华上下五千年历史，农村经济的发展、农村的稳定和农民生活的改善，始终是国家兴衰的重要标志，正所谓"夫农者，国之本，本立然后可以议太平""乡村兴则国家兴，乡村衰则国家衰"。当前，我国农业、农村、农民问题，依然是根本性的国计民生问题，是贯穿中国现代化过程的基本问题，也是全面建成小康社会所必须解决的首要问题。实施乡村振兴战略，正是基于中国特色社会主义进入新时代的科学论断，围绕当前社会主要矛盾变化的准确判断，结合我国乡村当前亟须解决的重大问题，作出的重大战略抉择。对于我国全面建成小康社会和全面建设社会主义现代化强国，实现"两个一百年"奋斗目标和中华民族伟大复兴中国梦，意义重大而深远。

乡村是广大农村居民生产、生活的重要承载空间，也是国民经济和社会发展的重要组成部分。经过改革开放40多年的建设，我国农村地区基础设施建设、生态环境和经济发展取得了重大进展。但与此同时，在工业化、城镇化的快速推进过程中，乡村衰落、城乡发展不平衡等问题已成为不争的事实。在我国社会主要矛盾发生变化的背景下，加快推动农村地区发展，实现乡村振兴的基本条件已经具备。

一、乡村衰落的现实不容忽视

（一）农村人口结构失衡

改革开放以来，随着我国工业化和城镇化进程的不断加快，农村剩余劳动力大量转移至城市，为城市产业发展、经济繁荣、居民生活改善作出了巨大贡献。我国农村劳动力加速转移和经济快速发展促进了流动人口的大量增加，随之而来的则是广大农村地区居住人口多为劳动能力缺乏或较低的老人和儿童。老龄化、空心化的农村人口结构，导致农村地区空巢村、老人村、留守儿童村和贫困村大量出现，土地撂荒、农业衰退等现象并不鲜见。2022年，全国城镇常住人口92 071万人，农村常住人口49 104万人。在流入城市的农村人口中，其大多是为了追求更好生活、提升收入水平、有一定文化的青壮年劳动力。同时，这一群体在逐步适应城市生活后，返回乡村的意愿降低，导致农村地区人口结构进一步恶化，加剧了农村的衰落。

（二）农村生态环境退化

我国工业化、城镇化快速推进，农村经济取得飞跃发展的同时，农村污染和生态环境问题逐步成为制约农村地区持续快速发展的重要问题之一。随着乡镇企业的快速发展，以及工业园区在农村地区的规模化布局，给农村地区带来了严重的环境污染，而农村地区的环境保护设施建设严重滞后，国家环保制度体系尚不健全，农民生态建设、环境保护意识薄弱，农村环境问题处于管理的模糊地带，这也使得大量企业得不到法律的有效监管，工业废水废物肆意排放，大量的工业垃圾在农村聚集，农村环境问题日益严峻。同时，种植业、养殖业等过量使用化肥、农药、除草剂等化学药品，导致农村地区水体和土壤中的有毒药物和重金属含量超标。2005年4月至2013年12月，生态环保部同自然资源部开展了首次全国土壤污染状况调查。调查结果显示，全国土壤环境状况并不乐观，个别地区甚至较为严重，工矿业废弃地土壤环境问题突出。全国土壤总的点位超标率为16.1%，耕地、林地、草地土壤点位超标率分别为19.4%、10.0%、10.4%。

（三）农村传统文化衰落

农村传统文化是我国农耕文明的产物，是中华民族文化的根源，也是现代文化的灵魂，广袤的农村地区是我国传统文化的缘起、传承和生息之地。传统文化不仅体现在文化的附着体——文物、建筑、农耕器具上，更为重要的是体现在人的精神追求、审美趣味、乡愁记忆上。但是，随着我国城镇化进程的加快推进，农村中有文化、有劳动能力和技能的青壮年劳动力大量涌入城市，导致农村出现凋敝、衰败现象，传统文化的传承失去附着物，有的就此失传，有的则是在市场大潮冲击下失去了之前的发展活力，致使中华民族的传统文化基因在农村流失趋向较为明显。尤其是在新农村建设过程中，农村地区过度追求生活的便捷、村容村貌整洁，对传统文化遗存和传统文化形态传承保护力度不够，具有时代特征和文化记忆的牌坊、戏楼、古建筑等被人为拆除和遗弃，一些婚丧礼俗仪式、节庆礼仪、传统工艺等因无人继承而渐渐消失，乡村文化记忆逐渐模糊。

二、城乡发展不平衡愈加突出

（一）农村产业发展质量亟待提高

在世界排名中，我国综合农业现代化排名仅处在中位，农业现代化水平不高。多数农村地区产业结构严重不合理，主要表现在农业生产效率偏低，农产品加工业技术含量不高，服务业发展严重滞后。主导产业不明确，规模偏小，缺乏具有市场竞争力的农业品牌，农产品阶段性、地区性供过于求与整体供给质量不高并存，农业供给侧结构性改革亟须加快推进和深化。与此同时，广大农民适应先进生产力发展和现代市场竞争的能力不足，政策引导不够，导致农村地区产业发展现代化技术和资金投入不足，产业缺技术、缺资金、缺人才，农村产业发展质量不高。

（二）农村基础设施和民生领域欠账多

长期以来的工业化和城镇化进程，使得城镇区域基础设施和公共服务设施建设取得了重大进展。与此同时，在大量农村剩余劳动力转移进城的基础上，广大农村地区供水、排水、道路、电力、信息网络等建设严重滞后于城市，出行难、安全饮水难、网络慢、教育资源缺乏、医疗条件差等问题尚未得到有效解决。特别是20世纪末实施撤乡并镇和精简乡镇机构政策，在精减基层工作人员、减少财政负担的同时，规模较小乡镇原有的医疗、教育等设施进行撤并，养老入托严重滞后，空巢老人赡养和留守儿童看护问题突出，这在一定程度上加剧了农村地区基础设施建设滞后的状况，导致乡村的整体发展水平与现代化进程不匹配。

（三）城乡居民收入差距依然较大

从城乡居民家庭人均可支配收入指标看，2022年全国城市居民人均可支配收入达到4.93万元，农村居民人均可支配收入为2.01万元。从发展趋势看，改革开放以来城乡居民收入差距从1978年改革开放之初至1992年一直保持在2以下，1993年达到2.08，2006年和2007年达到极值2.45，随后呈现逐年下降趋势。由于农村居民收入增速低，城乡居民收入差距较大，导致农村地区发展活力和潜力远低于城市。

三、新时代我国社会主要矛盾发生变化

党的十九大报告中明确作出了"中国特色社会主义进入新时代，我国社会主要矛盾已经转化为人民日益增长的美好生活需要和不平衡不充分的发展之间的矛盾"的重大判断。

新时代新需求，人民群众日益增长的美好生活需要对粮食安全、生态安全、健康养生、休闲旅游等方面提出了要求。一方面，随着人民收入水平的提升、食品消费结构的升级以及生活方式的变化，使消费者对食品的方便性、营养化和安全性更加关注，食品安全和吃得健康放心，已经成为大势所趋。追求健康生态环境、体验健康产品、注重健康生活等各类需求显著增加。另一方面，研究表明，当一个国家（地区）人均GDP达到1 000美元时，就形成排浪式消费热潮，以观光旅游为主；当人均GDP达到3 000美元时，将形成对观光+休闲度假复合式旅游的需求；当人均GDP达到5000美元以上时，对观光+休闲度假+体验复合式旅游产品的需求激增。2017年，我国人均GDP达到8 836美元，整体上进入体验式旅游需求激增阶段，广大乡村依托自然生态资源、丰富的地方民俗民族文化，大力发展旅游业，促进农业与旅游业深度融合迎来新机遇。由此，加快推动乡村振兴正是为满足人民群众日益

增长的美好生活需要作出的重大战略决策。

新时代新征程，必须把发展重点放在解决"不平衡不充分的发展"这个新的矛盾的主要方面上。党的十九大报告提出，我们现在最突出的问题还是发展的不平衡和不充分，而这种不平衡和不充分最突出的体现是在农村。通过乡村振兴，实现"产业兴旺、生态宜居、乡风文明、治理有效、生活富裕"，就是要坚持质量兴农、绿色兴农、品牌强农，加快和深入推进农业供给侧结构性改革，不断提升特色现代农业的综合竞争力，加速推进城乡产业融合、设施互联互通、公共服务共享、生态环保共建、文化传承互促、体制机制一体等进程，大力弘扬和践行社会主义核心价值观，不断提高乡村社会文明程度，进而提升乡村地区的发展质量，增强农村地区基础设施和公共服务设施保障能力，有效强化农村民生保障和乡村治理体系及治理能力。

第二节　乡村振兴的历史考察

乡村振兴战略思想是对我国农业、农村和农民"三农"问题有关思想、政策的继续与发展。党的十届三中全会以后，中国进行农村改革，给农民和基层自主权，调动了农民和基层的积极性，"废除人民公社，确立以家庭承包经营为基础、统分结合的双层经营体制，全面放开农产品市场，取消农业税，对农民实行直接补贴，初步形成了适合我国国情和社会生产力发展要求的农村经济体制"。党的十八大以来，党领导人民不断探索农业农村发展新路径，全面深化农村改革，加快推进农业现代化，加快建设美丽宜居乡村，深入推进城乡发展一体化，农业农村发展取得了显著成就。党的十九大以来，党中央提出实施乡村振兴战略，这是新时代为解决"三农"问题、建设社会主义现代化强国提出的重大历史任务，具有丰富的时代内涵和价值。

一、实行家庭联产承包责任制

中华人民共和国成立以来，中国农业农村经历了土地改革、合作化运动、人民公社、家庭联产承包责任制、新农村建设等发展阶段。我们首先在农村实行搞活经济和开放政策，调动了广大农民的积极性。1978年，党的十一届三中全会拉开了我国农村改革的序幕，改革开放从农村开始，从农业起步，从此开启了乡村发展的大门。1979年，党的十一届四中全会通过的《中共中央关于加快农业发展若干问题的决定》，强调确定农业政策和农村经济政策的首要出发点是充分发挥社会主义制度的优越性、充分发挥我国亿万农民的积极性，要在经济上充分关心农民的物质利益、在政治上切实保障农民的民主权利。实行农业生产责任制调动了农民的积极性，促进了农村生产发展，集体经济不断得到巩固。1983年，中央一号文件《当前农村经济政策的若干问题》指出，联产承包制是在党的领导下我国农民的伟大创造，是马克思主义农业合作化理论在我国实践中的新发展。家庭联产承包责任制极大地解放和发展了生产力，有力地推动了农业发展、农村繁荣、农民增收，为经济社会发展创造了重要条件。1991年，党的十三届八中全会通过的《中共中央关于进一步加强农业和农村工作的决定》，充分肯定了我国农村改革的方向和成就，确立了农村基本经营制度的重要地位，强调要稳定和完善党在农村的基本政策，继续深化农村改革。1992年，党的十四大报告肯定了"实行家庭联产承包为主，统分结合、双层经营，解决了我国社会主义农村体制的重大问题"，促进农村向专业化、商品化、社会化迅速发展。1997年，党的十五大报告强调，要"加强农业基础地位，调整和优化经济结构""稳定党在农村的基本政策，深化农村改革"。1998年，党的第十五届三中全会通过了《中共中央关于农业和农村工作若干重大问题的决定》，总结了农村改革二十年的基本经验，明确了农业农村跨世纪改革发展的目标和方针。农村改革打破了集体土地只能由集体统一经营的僵化认识和体制，不断取得突破，农村集体土地开始实行由农民家庭承包经营，农村基本经营制度形成。

二、提出统筹城乡经济社会发展

改革开放以后，随着家庭联产承包经营制度的实施，一系列经济体制改革相继推行并得到不断深化，中国农业市场化程度不断提高，农村劳动力自由迁移和就业范围不断拓宽，城乡、工农之间的产品要素交换环境得到改善，但阻碍城乡健康发展的城乡"二元结构"特征依然明显，"三农"问题在经济社会中日渐突出，解决"三农"问题提上国家议事日程。2002年，党的十六大明确指出，要"统筹城乡经济社会发展，建设现代农业，发展农村经济，增加农民收入，是全面建设小康社会的重大任务"。首次明确提出统筹城乡经济社会发展的重大命题，这是我国经济社会发展战略和指导思想的历史性转变。此后，党中央、国务院解决"三农"问题、加强"三农"工作的指导思想不断明晰，理论认识不断深化，制定并实施了一系列有力、有效的政策措施。2003年1月，中央农村工作会议强调，"统筹城乡经济社会发展，就是要充分发挥城市对农村的带动作用和农村对城市的促进作用，实现城乡经济社会一体化"。2003年10月，党的十六届三中全会提出，统筹城乡发展、区域发展、经济社会发展、人与自然和谐发展。全会通过的《中共中央关于完善社会主义市场经济体制若干问题的决定》，明确提出要按照统筹城乡发展、统筹区域发展、统筹经济社会发展、统筹人与自然和谐发展、统筹国内发展和对外开放"五个统筹"的要求全面建设小康社会，将统筹城乡发展摆在首位，这是我党对马克思主义提出的发展城乡关系必须消灭城乡差别、工农差别的重要体现。这些重大理论和政策创新对农业农村发展的制度创新、政策理念、政策制定与实施发挥了重要的指导作用，推进了全面建设小康社会的进程。

三、提出推进社会主义新农村建设

建设社会主义新农村是我国现代化进程中的重要内容，关系到全面建成小康社会的目标能否实现。2005年，党的十六届五中全会明确提出建设社会主义新农村的重大历史任务，并提出"生产发展、生活宽裕、乡风文明、村容整洁、管理民主"的社会主义新农村建设要求。这同党改革开放以来提出的农村改革发展目标在战略思想上是一脉相承的，都是为了促进农业农村发展，促进社会稳定。在此次全会上通过的《中共中央关于制定国民经济和社会发展第十一个五年规划的建议》强调，新时期要积极推进城乡统筹发展，推进现代农业建设，全面深化农村改革，大力发展农村公共事业，千方百计增加农民收入，不断开创农村建设的新局面，推进构建和谐社会和加快城乡现代化。2007年，党的十七大提出，"统筹城乡发展，推进社会主义新农村建设……要加强农业基础地位，走中国特色农业现代化道路，建立以工促农、以城带乡长效机制，形成城乡经济社会发展一体化新格局"。同时，提出"坚持把发展现代农业、繁荣农村经济作为首要任务，加强农村基础设施建设，健全农村市场和农业服务体系"。这鲜明地阐述了城乡经济社会一体化发展的重要任务和要求。2008年，党的十七届三中全会作出的《中共中央关于推进农村改革发展若干重大问题的决定》，更加明确了发展战略的指导思想，"把建设社会主义新农村作为战略任务，把走中国特色农业现代化道路作为基本方向，把加快形成城乡经济社会发展一体化新格局作为根本要求……推动农村经济社会又好又快发展"。同时，提出"必须统筹城乡经济社会发展，始终把着力构建新型工农、城乡关系作为加快推进现代化的重大战略"，并强调要着力破除城乡二元结构，从农村制度建设、现代农业发展、农村公共事业发展等方面，为实现城乡统筹发展和全面建设小康社会战略任务作出全面具体的部署。2010年，党的十七届五中全会通过的《中共中央关于制定国民经济和社会发展第十二个五年规划的建议》提出，在工业化、城镇化深入发展中同步推进农业现代化，加快推进社会主义新农村建设，积极推进"三农"问题的解决，从现代农业发展、城乡基本公共服务均等化、农村社会事业发展、体制改革和制度建设等方面加快形成城乡经济社会发展一体化格局。

四、提出推动城乡发展一体化

2012年，党的十八大报告明确提出实施城乡一体化发展战略，这是我国经济社会发展战略实质内容的又一次深化，是工业化、城镇化、信息化和农业现代化协调发展及全面建成小康社会奋斗目标的重要组成部分。报告明确提出，"解决好农业农村农民问题是全党工作重中之重，城乡发展一体化是解决'三农'问题的根本途径。要加大统筹城乡发展力度，增强农村发展活力，逐步缩小城乡差距，促进城乡共同繁荣"。同时，强调"加快完善城乡发展一体化体制机制，着力在城乡规划、基础设施、公共服务等方面推进一体化，促进城乡要素平等交换和公共资源均衡配置，形成以工促农、以城带乡、工农互惠、城乡一体的新型工农、城乡关系"。这不仅是我国经济社会发展重大战略形式上的深化，更是发展战略实质内容上的深化；不仅是对发展战略思维方式的深化，更是对发展战略指导思想的深化，充分反映了我国经济社会发展战略的进一步深化。2013年，党的十八届三中全会提出，城乡二元结构是制约城乡发展一体化的主要障碍。必须健全体制机制，形成以工促农、以城带乡、工农互惠、城乡一体的新型工农城乡关系，让广大农民平等参与现代化进程、共同分享现代化成果。强调要把马克思主义基本原理同中国具体实际相结合，转变经济发展方式，发挥市场配置资源的决定性作用，作出关于土地制度的新安排，为城乡关系变革和城乡要素流动奠定基础，进一步推动城乡发展一体化。

五、提出实施乡村振兴战略

党的十九大报告根据我国发展阶段和社会主要矛盾变化，首次提出实施乡村振兴战略，作出了实施乡村振兴战略的总体理论架构和战略部署，这是党的重大决策，为新时代解决好"三农"问题指明了根本方向。党的十九大报告阐述了"三农"工作在党和国家事业发展大局中的重要地位，强调"农业农村农民问题是关系国计民生的根本性问题，必须始终把解决好'三农'问题作为全党工作重中之重"；阐述了推进农业农村现代化的基本思路，"要坚持农业农村优先发展，按照产业兴旺、生态宜居、乡风文明、治理有效、生活富裕的总要求，建立健全城乡融合发展体制机制和政策体系，加快推进农业农村现代化"；阐述了农民与土地的关系问题，"巩固和完善农村基本经营制度，深化农村土地制度改革，完善承包地'三权'分置制度。保持土地承包关系稳定并长久不变，第二轮土地承包到期后再延长三十年"；阐述了农业、农村、农民与市场的关系问题，强调要"构建现代农业产业体系、生产体系、经营体系，完善农业支持保护制度，发展多种形式适度规模经营，培育新型农业经营主体，健全农业社会化服务体系，实现小农户和现代农业发展有机衔接。促进农村第一、第二、第三产业融合发展，支持和鼓励农民就业创业，拓宽增收渠道"；阐述了乡村振兴的各项保障措施，强调"加强农村基层基础工作，健全自治、法治、德治相结合的乡村治理体系。培养造就一支懂农业、爱农村、爱农民的'三农'工作队伍"。乡村振兴要有相应良好的制度、队伍，要建立健全良好的乡村治理体系。同时，报告还阐述了实施乡村振兴战略要"深化农村集体产权制度改革，保障农民财产权益，壮大集体经济"，突出了乡村振兴中的粮食问题，强调要"确保国家粮食安全，把中国人的饭碗牢牢端在自己手中"。党的十九大提出城乡融合发展新路径，实施乡村振兴战略与社会主义现代化建设紧密相关，加快推动乡村振兴，主要取向是构建新型城乡关系，通过体制创新、机制创新、深化改革，推动各种发展要素真正实现均等化，城市对农村由带动发展变为共同发展。党的十九大报告提出构建城乡融合发展体制机制和政策体系，是历史性的重大变革，使城乡关系进入良性互动的新阶段。

六、丰富和深化乡村振兴战略

党的十九大以来，党中央对乡村振兴战略进行了持续深化和发展。2017年年底召开的中央农村工作会议，专题研究了实施乡村振兴战略的重要政策。会议明确提出走中国特色社会主义乡村振兴道路，必须重塑城乡关系，走城乡融合发展之路；必须巩固和完善农村基本经营制度，走共同富裕之路；必须深化农业供给侧结构性改革，走质量兴农之路；坚持人与自然和谐共生，走乡村绿色发展之路；必须传承发展提升农耕文明，走乡村文化兴盛之路；必须创新乡村治理体系，走乡村善治之路；打好精准脱贫攻坚战，走中国特色减贫之路。这七个方面的阐述明确了实施乡村振兴战略的目标路径，构成了中国特色社会主义乡村振兴道路的具体内涵。会议强调要逐步建立健全全民覆盖、普惠共享、城乡一体的基本公共服务体系，推动新型工业化、信息化、城镇化、农业现代化同步发展，加快形成工农互促、城乡互补、全面融合、共同繁荣的新型工农城乡关系。同时，会议对2018年和今后一个时期的农业农村工作进行了总体部署。2018年出台的中央一号文件《中共中央、国务院关于实施乡村振兴战略的意见》（以下简称《意见》），对实施乡村振兴战略进行了细致的顶层设计和系统的理论政策建构，明确了新时代实施乡村振兴战略的重大意义，阐述了实施乡村振兴战略的总体要求，部署了提升农业发展质量、推进乡村绿色发展、繁荣兴盛农村文化等六大建设任务。《意见》从提出到2020年，乡村振兴取得重要进展，制度框架和政策体系基本形成；到2035年，乡村振兴取得决定性进展，农业农村现代化基本实现；到2050年，乡村全面振兴，农业强、农村美、农民富全面实现。《关于坚持农业农村优先发展做好"三农"工作的若干意见》创新性地提出要建立健全城乡融合发展体制机制和政策体系，强调"优先满足'三农'发展要素配置，坚决破除妨碍城乡要素自由流动、平等交换的体制机制壁垒，改变农村要素单向流出格局，推动资源要素向农村流动"，加快推进农业农村现代化。2018年3月8日，第十三届全国人大一次会议指出，要深刻认识实施乡村振兴战略的重要性和必要性，扎扎实实把乡村振兴战略实施好，提出了"五个振兴"的科学论断：乡村产业振兴、乡村人才振兴、乡村文化振兴、乡村生态振兴、乡村组织振兴，系统阐述了乡村振兴的目标任务和实现路径。

2018年9月，中共中央、国务院印发的《乡村振兴战略规划（2018—2022年）》，标志着国家开始全面实施乡村振兴战略，围绕农业农村现代化的总目标明确今后五年的重点任务，"细化实化工作重点和政策措施，部署重大工程、重大计划、重大行动，确保乡村振兴战略落实落地，是指导各地区各部门分类有序推进乡村振兴的重要依据"。2018年9月21日，在中共中央政治局第八次集体学习时，进一步系统阐述了"农业农村现代化是实施乡村振兴战略的总目标，坚持农业农村优先发展是总方针，产业兴旺、生态宜居、乡风文明、治理有效、生活富裕是总要求，建立健全城乡融合发展体制机制和政策体系是制度保障"。城乡融合发展符合新时代中国特色社会主义的本质要求，是实施乡村振兴战略、加快推进农业农村现代化的根本保障。这些新理念、新思想、新部署体现了我们党对乡村振兴规律认识的深化。2019年出台的中央一号文件《中共中央、国务院关于坚持农业农村优先发展做好"三农"工作的若干意见》，坚持农业农村优先发展总方针，以实施乡村振兴战略为总抓手，对标全面建成小康社会"三农"工作必须完成的硬任务，提出了新时期的重大计划、重大任务、重大行动，扎实推进实施乡村振兴战略。2019年5月，《中共中央、国务院关于建立健全城乡融合发展体制机制和政策体系的意见》公开发布，文件明确了城乡融合发展体制机制改革的大方向、大原则：明确改革的总方针是坚持农业农村优先发展；明确改革的抓手是协调推进乡村振兴战略和新型城镇化战略；明确改革的目标是缩小城乡发展差距和居民生活水平差距；明确改革的路径是以完善产权制度和要素市场化配置为重点，坚决破除体制机制弊端，促进城乡要素自由流动、平等交换和公共资源合理配置。这一文件是推进乡村振兴战略、实现城乡融合发展的重要助力。为了坚持和加强党对农村工作的全面领导，贯彻党的基本理论、基本路线、基本方略，深入实施乡村振兴战略，提高新时代党全面领导农村工作的能力和水平，中共中央根据《中国共产党章程》制定了《中国共产党农村工作条例》（以下简称《条例》），此《条例》自2019年8月19日起施行。《条例》对于加强党对农村工作的全面领导，巩固党在农村的执政基础，确保新时代农村工作始终保持正确政治方向具有十分重要的意义。

2020年，中央一号文件《中共中央、国务院关于抓好"三农"领域重点工作确保如期实现全面小康的意见》指出，2020年是全面建成小康社会目标实现之年，是全面打赢脱贫攻坚战收官之年。文件确定，对标全面建成小康社会目标，强化举措、狠抓落实，集中力量完成打赢脱贫攻坚战并补上全面小康"三农"领域突出短板两大重点任务，持续抓好农业稳产保供和农民增收，推进农业高质量发展，保持农村社会和谐稳定，提升农民群众获得感、幸福感、安全感，确保脱贫攻坚战圆满收官，确保农村同步全面建成小康社会。为保障乡村振兴战略的有效贯彻实施，2021年4月29日，第十三届全国人大常委会第二十八次会议表决通过了《中华人民共和国乡村振兴法》，这部法律自2021年6月起施行，为加快推进乡村振兴提供了有力的法治保障。

第三节　乡村振兴的时代特征

新时代处于新的历史方位，面对新的发展要求和社会环境，需要我们重新看待农业、农村和农民问题，做好"三农"工作需要有新思路、新策略。新时代的乡村振兴战略具有创新性、科学性、协同性等许多鲜明特征，对乡村发展的理念、思路进行全面创新，通过理性规划、系统治理科学有序加以推进，同时努力凝聚各社会主体的力量协同性地推动工作，使乡村振兴的运行机理更加符合客观规律，内外部环境更加优化，前进动力更加强劲。

一、创新性

实施乡村振兴战略是在以往乡村发展建设理论基础上的战略升级，从城乡统筹、城乡一体化发展到城乡融合，从农业优先发展转变为农业农村优先发展，从新农村建设、美丽乡村建设到乡村振兴。乡村振兴战略思想对新时代城乡关系进行科学定位，突破原有思路和举措的限制，将"三农"工作放到优先位置，首次提出农业农村现代化和乡村治理思想，强调农民的主体地位，注重构建乡村振兴规划体系、优化政策体系、发展动力体系等，全面体现了乡村振兴战略的时代创新性。

创新乡村发展理念。在体制机制改革上，乡村振兴战略确立城乡一体的发展理念，在新发展理念中发展以往新农村建设理论和实践，实现城乡统筹发展、协调发展、共享发展、包容发展，促进城乡互融和城乡共赢。党的十九大报告提出，建立健全城乡融合发展体制机制和政策体系，通过制度变革、结构优化、要素升级，实现新旧动能转换，在改革、转型、创新方面推动城乡地位平等、城乡要素互动、城乡空间共融。特别是在破解城乡二元结构、推进城乡要素平等交换和公共资源均衡配置上取得重大突破，给农村发展注入活力。在区域协调理念上，乡村振兴战略通过区域强优发展、特色发展、选择差异性发展，弘扬各自的独特优势，缩小区域性发展差距。重点是推进城乡基础设施共建共享、互联互通，逐步建立健全全民覆盖、普惠共享、城乡一体的基本公共服务体系。

创新乡村工作思路。在整体布局思路上，科学编制乡村振兴战略规划，从乡村布局、土地利用、基础设施、产业发展、人才开发等方面进行系统谋划，制定实施相应重大政策和方案。在产业发展思路上，乡村振兴战略创新性地提出构建现代农业产业体系、生产体系、经营体系，培育新型农业经营主体，健全农业社会化服务体系，实现小农户和现代农业发展有机衔接等新思路。围绕促进产业发展，引导和推动更多资本、技术、人才等要素向农业农村流动。把高质量发展作为主要导向，突出农业供给侧结构性改革主线，推进质量兴农、绿色兴农、品牌强农，全面提高产业的综合效益和竞争力。在农村社会发展思路上，乡村振兴战略注重加强农村社会治理，加强农村基层基础工作，健全自治、法治、德治相结合的乡村治理体系，培养造就懂农业、爱农村、爱农民的"三农"工作队伍。

创新乡村发展动力。乡村振兴战略创新乡村发展动力机制，有效发挥各个社会主体的主观能动性，从全面创新驱动、根本利益驱动、精神文化驱动、改革创新等驱动方面推动乡村振兴战略，激活农村发展要素。一是经营制度创新方面，处理好农民与土地的关系，坚持和完善农村基本经营制度，强调新型经营主体和适度规模经营是农业转方式、调结构、走向现代化的引领力量，积极培育家庭农场、种养大户、合作社、农业企业等新型主体，推行土地入股、土地流转、土地托管、联耕联种等多种经营方式，提高农业适度规模经营水平。二是科技创新方面，发挥科技创新引领作用，优化提升农业生产力布局来有效推进农业结构调整，加快农业转型升级，促进互联网技术、智能化技术、物联网技术等现代技术与农业农村生产、生活、生态的密切融合，让农民积极参与到现代科技的创新创造活动，发展智慧农业、数字农业、精细农业，享受现代科技成果，运用现代科技成果实现乡村振兴，从根本上解决中国粮食安全问题和产业发展质量问题，提高农业发展竞争力。三是根本利益驱动方面，在农村创新发展中通过体制机制鼓励各个社会主体参与乡村振兴事业，参与经济活动，获取应得利益，释放出改革红利、政策红利、生态红利、资本红利等，激发获益者参与热情。四是精神文化驱动方面，乡村振兴战略强调精神文化的支撑和动力作用，充分整合利用农村的传统文化、革命文化、红色文化，以乡土文化为根基建设农村先进文化，形成独特的创新乡土文化优势，大力弘扬和践行社会主义核心价值观，倡导新风尚、新风气，增强乡村文化软实力，使之成为乡村振兴的内在动力和重要保证。五是改革创新驱动方面，在农村土地制度、农村集体产权制度、新型农业经营主体培育等重点领域的改革创新方面取得新成效，在人才支持、金融服务、科技支撑等重要环节求得新突破，以改革破解发展瓶颈和现实难题。

二、科学性

实施乡村振兴战略是一篇大文章，要统筹谋划，科学推进。推进乡村振兴具有长远性和全局性，坚持规划先行，加快形成城乡融合、区域一体、多规合一的规划体系，强化乡村振兴战略的规划引领作用。以统筹观点搞好顶层设计，顺应社会发展规律，把握乡村发展趋势，坚持战略性、前瞻性思维，统筹谋划乡村振兴项目布局，解决农业农村面临的问题，着力提高农业农村发展效益，实现乡村优质发展。

强化科学规划。乡村振兴是全方位、全领域的整体性振兴。首先是规划先行，设计系统的乡村振兴战略规划，"充分考虑地区部门发展差异和不同情况，坚持一切从实际出发，根据实际条件和发展需要再重点有步骤采取措施"，解决突出问题和矛盾。乡村振兴涉及产业发展、生态保护、政治建设、乡村治理、文化建设、人才培养、基层组织建设等诸多方面，只有这些方面都得到发展，乡村才能变得有活力、有潜力，乡村才能真正振兴。推动乡村振兴健康有序进行，要规划先行、精准施策。乡村振兴战略注重规划先行，应"按照先规划后建设的原则，通盘考虑土地利用、产业发展、居民点布局、人居环境整治、生态保护和历史文化传承，编制多规合一的实用性村庄规划"，明确总体思路、发展布局、目标任务、政策措施。"强化规划引领作用，加快提升农村基础设施水平，推进城乡基本公共服务均等化，让农村成为农民安居乐业的美丽家园。"完善规划体制，"把加强规划管理作为乡村振兴的基础性工作，实现规划管理全覆盖"。解决规划中城乡脱节、重城市轻农村的问题，发挥集中力量办大事的社会主义制度优势，凝心聚力，统一思想，形成工作合力，合理引导社会共识，广泛调动各方面的积极性和创造性，规划安排产业、生态、人才、组织、文化等重要任务。党中央统揽全局，统筹谋划，对乡村振兴战略已经进行了周密部署，制定了长远规划，全国各地要按照党中央乡村振兴战略的总体部署相应地做好规划工作，并加以实施，扎实推进。

强化系统治理。实施乡村振兴战略要树立系统思维，统筹安排，动员和组织乡村振兴参与主体，完善乡村振兴实施路径。强调乡村社会化治理的重要性，形成多元主体共同参与的合理的治理结构。党的十九大报告明确提出，要打造共建共治共享的社会治理格局，自治、法治、德治"三治结合"是加强乡村治理的思路创新。发挥文化治理作用，深入挖掘乡村优秀传统文化蕴含的思想观念、人文精神和道德规范的合理性内容，结合时代要求继承创新。提高农民的思想觉悟、道德水准、文明素养，通过文化治理促进乡风文明，改善乡村营商环境，促进乡村生产力发展。突出基层党组织在乡村治理中的引领作用，强化党支部在乡村振兴中的领导地位，加强乡村党组织建设，使基层党组织建设成为宣传党的主张、贯彻党的决定、领导基层治理、团结动员群众、推动改革发展的坚强战斗堡垒。

强化效益意识。乡村振兴战略在合理利用资源、配置资源问题上强化效益意识，充分发挥各种资源的作用，提高运行效益。注重保护乡村资源，提高资源要素的利用效率，确立市场在资源配置中的决定性作用。推动农业供给侧结构性改革，坚持质量兴农、绿色兴农，加快推进农业由增产导向转向提质导向，加快构建现代农业产业体系、生产体系、经营体系，提高农业综合效益和竞争力。推进农业农村现代化，坚持需求导向，将生产转变到数量质量效益并重、注重技术创新、注重可持续发展上来，走产出高效、资源节约、环境友好、安全有序的现代农业发展道路。走规模化和集约化之路，调整农业产业结构，进一步优化农业生产力布局，促进农业可持续发展，实施科技创新驱动，积极发展开放型农业。科学做好乡村集聚，推动相关乡村合并，集中进行居民点安排，增进乡村公共设施和公共服务的共享，提高基础设施和公共服务的利用效率。

三、协同性

实施乡村振兴战略涉及整个社会，在实施过程中需要党和政府及社会多方力量参与，不同主体之间进行互动共推。乡村振兴战略要围绕"谁来协同治理、协同治理什么、如何协同治理"等问题加以谋划，从治理主体培育、治理体系构建、治理方式创新等方面系统性地加以构建。"当下乡村振兴战略的核心在于找到'以农民为主体'与利用外部资源的有机结合点。既要强调政府'自上而下'的政策支持和外部的资源支持，也要强调'自下而上'的文化自觉。乡村振兴的动力应该是内源性动力与外源性动力的统一。"需要正确处理党的领导和人民主体的关系、市场功能和资本逻辑的关系等，汇聚各种力量形成强大合力。

发挥党的领导核心作用。实施乡村振兴战略，首先，应坚持和加强党的全面领导。办好农村的事情，实现乡村振兴，关键在党。中共中央、国务院发布的《关于实施乡村振兴战略的意见》明确提出，要坚持党管农村工作的基本原则，要毫不动摇地坚持和加强党对农村工作的领导。《中国共产党农村工作条例》指出，要坚持党对农村工作的全面领导，确保党在农村工作中总揽全局、协调各方，保证农村改革发展沿着正确的方向前进。中国共产党是引领乡村振兴的战斗堡垒，党在农村发展上起把方向、谋大局、定政策的作用，要"抓实建强农村基层党组织，以提升组织力为重点，突出政治功能，持续加强农村党组织体系建设"。健全完善党委全面统一领导、政府负责、党委农村工作部门统筹协调的农村工作领导体制。建立实施乡村振兴战略领导责任制，实行中央统筹、省负总责、市县抓落实的农村工作领导体制，党委和政府一把手是第一责任人，五级书记抓乡村振兴。充分发挥好乡村党组织的作用，把乡村党组织建设好，把领导班子建设强。以党建为引领，完善乡村治理方式，汇聚起全党上下、社会各方的强大力量，这是实现乡村善治、实现中国特色社会主义乡村振兴道路的核心内容。

发挥各级政府的主导作用。政府在乡村振兴战略中起主导作用，目前乡村振兴中存在的发展不平衡不充分问题仍较突出，需要政府大力推进体制机制创新，强化乡村振兴制度性供给，探索以基础设施和公共服务为主要内容的城乡融合发展政策创新，加强政府政策的扶持力度，吸引更多的资本、技术、人才等资源流向农村。政府在产业发展政策、农业金融支持政策、贷款贴息扶持政策、科技创新推广政策、农村人才培育政策、基础设施补助政策等方面，引导农业农村转变发展方式。加大农业投入力度，保证农业财政支出，建立健全"三农"投入稳定增长机制，研究开辟新的融资渠道。在脱贫攻坚上，发挥政府投入主体和主导作用，增加金融资金投放，发挥资本市场支持贫困地区发展的作用。在推动农业现代化方面，"加快建立各级财政农业投入稳定增长机制，加强资金统筹整合、提高使用效率，确保财力集中用于农业现代化的关键环节，重点支持农业基础设施建设、结构调整、可持续发展、产粮大县和农民增收等"。在扶持农民方面，"强化政府对农业的支持保护，创造良好务农条件和环境。农业面对着自然灾害和市场波动的双重风险，必须有国家支持保护。要根据新形势新情况，研究如何使农业支持保护措施更有针对性、更加有实效"。在农村人才培育方面，"抓紧制定专门规划和切实可行的具体政策，加大农业职业教育和技术培训力度，把培养青年农民纳入国家实用人才培养计划，确保农业后继有人"。政府还要出台产业政策，协调税收信贷支持，调动政府社会资源，打造有竞争力的市场经营主体，利用政府的公信力推动农产品区域品牌建设。政府还要积极探索适应农村实际的监管体系，为农村产业发展、农民开发创新、农村综合治理营造良好的环境。

发挥社会力量的参与作用。实施乡村振兴战略，鼓励社会各界投身乡村建设。社会参与的主要力量包括企事业单位、社会团体、民间组织与志愿者。社会参与的主要方式包括自主参与、合作参与、协同参与等。社会参与的主要内容包括创业参与、服务参与、援助参与、投资参与等。政府要对社会参与制定优惠政策、创造宽松环境，创新机制积极引导社会资本参与农村公益性基础设施建设，"鼓励和引导工商资本到农村发展适合企业化经营的现代种养业，向农业输入现代生产要素和经营模式"。"鼓励承包经营权在公开市场上向专业大户、家庭农场、农民合作社、农业企业流转，发展多种形式规模经营。""鼓励社会资本投向农村建设，允许企业和社会组织在农村兴办各类事业。"社会力量参与乡村振兴拥有广阔的天地，这是乡村振兴的重要力量和关键。乡村要更多地引入社会资源等共同参与乡村振兴战略的实施。乡村振兴需要现代科技、高端智力的有力支持，高校与科研机构具有人才和技术的优势，应成为社会参与乡村振兴的重要力量。

发挥企业的产业引领作用。目前，区域龙头企业薄弱、市场经营主体缺位是农产品区域品牌建设的最大薄弱点，因此，应发挥领军企业在乡村振兴中的引领作用，做大做强地区龙头企业，形成优势特色产品产业集群。在乡村振兴进程中应以有担当、有能力的领军企业为主干，吸收其他企业和社会力量，形成具备企业法人性质的农产品区域品牌强势市场经营主体。激励并引导龙头企业通过直接投资、参股经营等方式带动产业融合发展。要"鼓励发展混合所有制农业产业化龙头企业，推动集群发展，密切与农户、农民合作社的利益联结关系"。发挥投资农业的引领作用，鼓励引导企业和工商资本投资农业，使其对农业投资起引领作用；发挥产业融合的引领作用，产业融合程度既取决于产业链相关主体利益机制的建构，又取决于产业链中核心主体的引领作用。重视企业在产业融合中的龙头带动作用，完善企业与农民之间的利益联结机制，带动小农经济发展，企业对小农的引领不仅体现在发展理念、技术应用、市场开拓这些方面，还应该体现在引领小农融入现代农业方面。对于已有产业基础良好的国有或集体制龙头企业，政府应主导并给予适当改造。对于实力和能力兼备的民营龙头企业，政府则应集中优势资源、全力以赴支持和推动企业做大做强，带动乡村产业发展。

发挥广大农民的主体作用。实施乡村振兴战略，最为关键的就是要最大限度地发挥农民的力量，充分调动广大农民的积极性、主动性、创造性，把广大农民对美好生活的向往转化为推动乡村振兴的强大动力。《中国共产党农村工作条例》强调，要坚持以人民为中心，尊重农民主体地位和首创精神，切实保障农民物质利益和民主权利，把农民拥护不拥护、支持不支持作为制定党的农村政策的依据。农民是建设和发展乡村最主要、最可靠的力量，要坚持农民的主体地位，保障农民的切实利益，充分尊重广大农民的意愿和自主选择权，使农民成为乡村振兴的主体力量，增强乡村振兴的内生动力。要"加强制度建设、政策激励、教育引导，把发动群众、组织群众、服务群众贯穿于乡村振兴全过程，充分尊重农民意愿，弘扬自力更生、艰苦奋斗精神，激发和调动农民群众积极性主动性"。重点提高农民的组织化程度，培育新型经营主体，发展农民合作社和家庭农场农业经营主体，发展农业新业态和新模式，提高农业经营效率，壮大村级集体经济。乡村实行"三权分置"改革是农村土地制度的重大创新性变革，实行农民组织化让个体农民形成集体合力而平等地参与农地经营权的流转，并形成公平交易，有利于从根本上维护农民的合法权益，保护农民的正当利益。区域内条件成熟的农民合作社和家庭农场要自觉参与进来，乡村、社区集体组织的完善发展应成为乡村振兴战略的重要组成部分。由农民平等自愿组成专门经营、管理农村集体经营性资产的股份合作社，要按照政经分开的原则对全体股东村民负责。完善乡村治理体系，赋予农民主体权利和主体责任，强化村民的自主意识和自治功能。要在总体上提高广大农民对乡村振兴战略的认知水平和把握能力，培育农民推动乡村振兴的责任意识、参与意识和成效意识。

第四节　乡村振兴的重大意义

农村地区是具有自然、社会、经济等综合特征的地域综合体，是农村居民生产生活的主要承载地，也是传统文化传承、生态环境保护的重要载体。乡村与城市相互促进、共生共荣，是人类活动空间的重要组成部分。实施乡村振兴战略，是党的十九大作出的重大决策部署，是有效解决新时代我国社会主要矛盾的重要路径，也是补齐全面建成小康社会短板的战略选择，更是全面建设社会主义现代化强国的重要保障，具有极其重大的现实意义和深远的历史意义。

一、是解决新时代我国社会主要矛盾的重要路径

马克思主义唯物辩证法认为，矛盾是事物运动发展的源泉和动力。准确把握社会主要矛盾和次要矛盾的特质性，及时处理和辨析二者的关联性，是辩证唯物主义和历史唯物主义的基本要求。中华人民共和国成立以来，世情、国情、党情、民情在发展中不断出现新变化，在社会生产力快速发展、

人民生活水平不断改善、人民对美好生活需求不断提高、发展不平衡不充分问题日益凸显的背景下，我国社会主要矛盾随着经济社会的不断发展而不断变化。从党的八大提出的"人民对于经济文化迅速发展的需要同当前经济文化不能满足人民需要的状况之间的矛盾"到1979年邓小平同志指出的"我们的生产力发展水平很低，远远不能满足人民和国家的需要，这就是我们目前时期的主要矛盾"，[①]到1981年《关于建国以来党的若干历史问题的决议》提出的"在社会主义改造基本完成以后，我国所要解决的主要矛盾，是人民日益增长的物质文化需要同落后的社会生产之间的矛盾"，再到党的十九大提出的"我国社会主要矛盾已经转化为人民日益增长的美好生活需要和不平衡不充分的发展之间的矛盾"[①]。改革开放40多年来我国经济社会取得的巨大成就，也进一步印证了我国之所以能够创造人类历史上的发展奇迹，其根本在于准确抓住了我国社会主要矛盾。党的十九大报告指出，经过长期努力，中国特色社会主义进入了新时代，这是我国发展的新的历史方位。中国特色社会主义进入新时代，我国社会主要矛盾已经转化为人民日益增长的美好生活需要和不平衡不充分的发展之间的矛盾。人民的需求和区域的协调，对经济社会发展提出了更高的要求。改革开放40多年来取得巨大发展成就的同时，城乡发展水平出现分化趋势。与城市快速发展相对应的是，广大农村地区发展严重滞后。农村地区基础设施建设速度和质量远远落后于城市，教育科技、医疗卫生、文化传承、体育休闲等公共服务设施短板较多，农业仍然以原始农业和小农经济为主，城乡居民收入差距依然较大，现代城市文明对农村地区的辐射和带动能力极为有限。进入新时代，加快推动乡村振兴战略，就是要按照党中央的总要求，夯实农村发展产业基础、推动设施建设与城市同步、促进农民增收致富、改善农村生态环境，实现城乡融合发展。因此，在我国发展进入新时代背景下，实施乡村振兴战略，既是解决新时代我国社会主要矛盾的重要路径，也是实现城乡融合发展的重要举措。

---

①1979年理论工作务虚会［EB/OL］.（2014—08—27）.http://dangshi.people.com.cn/n/2014/0827/c85037-25550094-4.html.

二、是补齐全面建成小康社会短板的战略选择

党的十八大确立了全面建成小康社会的重大历史任务。党的十九大提出，到2020年全面建成小康社会，是我们党向人民、向历史作出的庄严承诺。"全面建成小康社会，最艰巨最繁重的任务在农村，特别是在贫困地区。没有农村的小康，特别是没有贫困地区的小康，就没有全面建成小康社会"。真正的小康，是让广大农村地区居民与城市居民一起共享经济社会发展成果，共同迈向社会主义现代化。解决好"三农"问题，推动全面建成小康社会，依然面临着农产品阶段性供过于求与供给不足并存、农村民生领域欠账多、基础设施建设滞后、农村生态环境问题日益突出、科技引领农业发展能力还不强等问题。这些问题归结起来就是农业、农村、农民问题，是关系国计民生的根本性问题，是贯穿中国现代化过程的基本问题，也是全面建成小康社会所必须解决的问题。乡村振兴战略的提出，与我国发展的阶段性特征和中国特色社会主义进入新时代的历史方位要求相契合，旨在建立健全城乡融合发展体制机制和政策体系，统筹推进农村经济建设、政治建设、文化建设、社会建设、生态文明建设和党的建设，加快推进乡村治理体系和治理能力现代化，加快推进农业农村现代化，走中国特色社会主义乡村振兴道路，让农业成为有奔头的产业，让农民成为有吸引力的职业，让农村成为安居乐业的美丽家园，不断增强乡村居民的幸福感和获得感。这些重大举措的相继实施和深化，为补齐农业农村农民发展短板，全面建成小康社会提供了重要保障。

三、是全面建设社会主义现代化强国的重要保障

党的十九大在科学审视国内外形势尤其是国内经济社会发展状况的基础上，提出在21世纪中叶建成社会主义现代化强国的战略部署。社会主义现代化强国建设是整体性建设，是在全面协调推进经济建设、政治建设、文化建设、社会建设、生态文明建设和党的建设中，不断地促进物质文明、政治

文明、精神文明、社会文明和生态文明协同发展的社会整体文明进步过程，也是促进城市与乡村融合发展的过程。实现农业和农村现代化、农民增收致富，是建设社会主义现代化强国的重要内容，在社会主义现代化强国建设中具有至关重要的作用。我国广大农村地区人口众多、发展基础薄弱、振兴难度较大。可以说，社会主义现代化能否整体实现，农业农村现代化、农民实现增收致富是其首要指标，也是全面建成小康社会的首要指标。实施乡村振兴战略是新时代做好"三农"工作的总抓手，事关整个社会主义现代化建设大局。实施乡村振兴战略，推动广大乡村地区快速发展，实现产业兴旺、生态宜居、乡风文明、治理有效、生活富裕，不仅能够为农业农村现代化的顺利实现提供坚实的物质基础，而且能够为全面建设社会主义现代化国家提供保障。

第二章 乡村振兴的相关理论研究

第一节 区域发展视角

一、城乡二元经济结构理论

二元经济结构理论是发展经济学的奠基性理论之一。"二元经济"的概念最早由荷兰经济学家伯克（Boeck）于1933年提出。此后以刘易斯（Lewis）、拉尼斯（Ranise）、费景汉（Fei）、乔根森（Jorgenson）和托达罗（Todaro）等为代表的发展经济学家持续深化二元理论、丰富发展模式研究，使二元经济结构理论成为许多发展中国家和地区处理城乡关系、推动经济社会发展的重要实践指导理论。

该理论认为，世界不发达国家和地区普遍存在两种经济结构，即以小农生产为主、劳动生产率较低的农业部门和以社会化大生产为主、劳动生产率较高的工业部门，二元性是发展中必然存在的现象。两个部门不同的劳动生产率和工资率及无限劳动供给，使农村劳动力、农业剩余不断地补贴工业化，从而产生二元结构。同时，城乡二元经济结构也存在转换的内在机制。随着工业化和城镇化进程加快，生产力逐步提高，农村剩余劳动力持续向城市转移，城乡劳动生产率、工资率等差异逐步缩小，人口流动速度放慢，"二元经济"逐步趋向"一元经济"。

城乡二元结构理论开辟了经济发展研究的一个新视角和新思路。这一理论把区域经济增长与工业化进程、劳动力转移、资本积累、技术进步等紧密结合在一起分析，认为它们都处于同一系统框架和历史进程中，并且指出尽管工业部门和农业部门生产率增速在不同时期会有差异，但必须保证二者平衡增长。该理论是我国新型城镇化战略、乡村振兴战略的重要理论基础之一。

二、区域经济理论

区域经济理论是研究人类经济行为的空间区位选择及空间区内经济活动优化组合的理论，最早的雏形是区位理论。1826年，德国经济学家杜能（Thunen）在其代表著作《孤立国》中提出了农业区位理论。他认为农业生产用地到农产品消费地（市场）的距离及其产生的运费是决定农业空间布局和农地集约化利用程度的重要因素。之后出现了韦伯（Weber）的工业区位论、克里斯塔勒（Christaller）的中心地理论和廖什（Lisch）的市场区位论等。韦伯（1909）在工业区位论中强调，企业进行区位选择主要基于运输、劳动力和集聚三大因素，克里斯塔勒（1933）引入了市场因素，廖什（1940）则在考虑市场区位和产业区位的同时，从利润最大化角度考虑区位问题。区位理论作为区域经济理论的前身，重在研究微观经济主体选址问题。20世纪50年代以后，逐步延伸至宏观领域，重点研究生产力空间布局和区域发展问题。缪达尔（Myrdal）的"循环积累因果理论"、赫希曼（Hirschman）的"核心—边缘理论"、弗里德曼（Friedman）的"中心边缘理论"乃至克鲁格曼（Krugman）的"新经济地理理论"等形成了现代区域经济理论，致力于解决区域发展不平衡问题。

区域经济理论为优化城乡生产力布局、促进城乡平衡发展提供了理论基础。基于土地资源不可移动、不可增加的特点，乡村振兴战略下的乡村发展规划需要跳出"三农"看"三农"，不仅要考虑农业自身的特性和需求，更要将农业和第二、第三产业以及城市和乡村、核心和边缘纳入一盘棋统筹考虑。根据不同区位条件，科学划分乡村类型，合理布局生产力，以促进城乡缩差共富、协调发展。

三、经济增长理论

经济增长是区域发展的核心内容，经济增长理论也是经济学的核心理论之一，重在研究经济增长的一般规律和影响因素。经济增长理论丰富而系统，学界通常将其分成三类。一是古典经济学的经济增长理论。亚当·斯密（Adam Smith）认为分工是促进经济增长的重要因素，同时也强调土地资源、劳动力和资本的影响作用。李嘉图（Ricardo）则从收入分配的视角，提出资本积累是经济不断增长的重要保障。1940年前后，经济学家哈罗德（Harrod）和多马（Domar）构建了哈罗德—多马模型，认为资本是决定经济增长的唯一要素。二是新古典经济增长理论。以索洛（Solow）为代表的新古典学派通过大量实证研究发现，从长期来看技术进步才是经济增长的源泉，但前提是假定市场是自由的，能够自发实现充分就业。理想化的假设使得该研究模型局限性较大。三是新经济增长理论。20世纪80年代以来，罗默（Romer）、卢卡斯（Lucas）、巴罗（Barro）等经济学家致力于完全竞争假设条件下的经济增长研究，并形成了新经济增长理论。该理论的核心特点是研究方法的标准化、主流化，在研究成果方面，则发掘了知识积累、人力资本、组织制度、创新等对于经济增长的重要作用。

促进乡村经济增长同样是乡村振兴的核心内容。尽管传统农业不能够对经济增长作出重要贡献，但我国正在加快发展现代农业，努力促进农村第一、第二、第三产业融合，使乡村经济体系日渐丰富完善。因此，借鉴经济增长理论，增加资本、劳动、技术等生产要素投入，提升乡村人力资本水平，完善农业农村组织制度，激发下乡返乡群体的企业家精神，有利于实现乡村经济可持续、包容性增长。

第二节　产业经济视角

一、农业多功能性理论

众所周知，农业具有较强的公共产品属性和外部经济性。农业多功能性的提出就是源自对其外部经济性的探讨。20世纪80年代末，日本在其推出的"稻米文化"中最早提及农业多功能性，随后在世界范围内得到较为普遍的认同；1992年的联合国环境与发展大会和1996年的世界粮食首脑会议出台的相关国际文件，均对农业多功能性理论予以了肯定和利用；20世纪90年代末，欧盟提出的"欧盟农业模式"也是以此为核心理论基础。该理论认为，农业在国民经济发展中的地位和作用随着国家生产力的提升而不断变化，农业的功能也在不断拓展。农业经济阶段，农业的主要功能是提供充足的农产品以满足生存需要；工业经济阶段，主要功能体现为保障食品安全、供给工业原材料、提供剩余劳动力、保护环境等；后工业经济阶段，则在之前的基础上，更加强调发挥农业生产活动在文化传承、生态环境保护和利用、康养旅游等服务方面的功能。

农业多功能性理论重点探讨了不同发展阶段下农业的定位和功能价值，为农业支持保护政策、农村发展政策、农产品贸易政策等地制定提供了理论支撑。当前，我国农业综合生产力迈上了新的台阶，国内经济已从高速增长步入高质量发展阶段。在农业基础性地位不变的大前提下，为满足人民对高品质生活的需求，促进农民持续增收、农村繁荣发展，我国农业功能逐步向生态、文化、旅游等领域拓展，农业也开始从产品经济向服务经济转变。因此，更需要进一步丰富农业多功能性理论，并从理论中挖掘功能拓展方向、发挥路径、制度保障等方面的有益启示。

二、六次产业理论

三次产业分类法依据物质生产中加工对象的差异性，把社会再生产过程划分为三类，该方法最早由新西兰经济学家费歇尔（Fisher）提出，至今仍是各国普遍采用的经济统计核算方法。随着信息技术的发展，社会再生产活动更加丰富。20世纪90年代，日本学者今村奈良臣基于当时日本农业农村发展困境，提出了六次产业理论。21世纪以来，日本政府以此为基础，自上而下成立了"六次产业化"战略推进机构，相继制定出台了一系列促进"六次产业化"的法律法规和纲要文件，有效地优化了农村产业结构，提升了农民生活质量，实现了农业农村可持续发展。六次产业理论是依据劳动对象和产业任务的不同，将国民经济划分为六次产业，即生产并获取自然资源的第一产业，加工自然资源以及对产成品进行再加工的第二产业，为其他产业及社会生活提供服务的第三产业，对信息知识进行生产加工和服务的第四产业，获取并利用文化资源开展创意经济活动的第五产业，传统农业向第二、第三产业延伸形成的第六产业。

三次产业划分向六次产业划分的转变，其实是技术进步背后思想观念的突破，也是创新经济学对传统主流经济学的突破。六次产业理论的思想本质是第一、第二、第三产业融合，以农业为基础，打破产业的边界藩篱，综合运用科技、管理、创新等生产要素，充分开发农业的多重功能和价值，以提升产业附加值和经济效益。六次产业理论为解决当前我国农业农村发展问题提供了一个新的视角和方法，具有较强的实践指导意义。

第三节　组织制度视角

一、合作经济理论

合作经济不同于经济合作，后者是以物质利益内容为主的合作，既包括经济组织内部的合作，也包括超过组织界限的以实现经济利益为目的的社会合作。前者则是以后者为基础，在19世纪初的西欧逐渐兴起、为改变生产生活条件而联合建立的一种经济组织。合作经济理论是以罗虚代尔公平先锋社（The Rochdale Equitable Pioneers Society）的合作经济组织原则为基础发展起来的。1934年，国际合作社联盟正式将合作社原则归纳为七条，称为"罗虚代尔原则"：入社自由；民主管理（一人一票）；按交易额分配盈余；限制股本利息；政治和宗教信仰中立；实行现金交易；促进社员教育。随着经济社会发展，合作社原则不断调整并完善，但"自由联合、民主管理、平等公平、团结互助"仍然是其核心价值。

一般认为，西方合作经济组织理论发展大致分成四个阶段：第一阶段是20世纪40年代，以空想社会主义为主的早期经济合作思想。第二阶段是20世纪40年代—20世纪80年代，运用新古典经济学的均衡分析方法和边际分析方法，重点研究农业合作社的发展模式、内部资源配置及产权控制问题。第三阶段是20世纪80年代—20世纪90年代，运用博弈论、企业行为理论、交易成本理论等新的经济理论方法，重点研究合作社的发展动因、发展战略、制度变迁等问题。第四阶段是20世纪90年代以来，引入产权安排、代理成本、契约理论等新制度经济学的理论方法，着力于合作经济组织的生产消费、组织联盟、治理结构、可持续发展等问题研究。

反观国内，合作经济组织越来越聚焦于农业农村领域。20世纪初北京大学消费合作社的成立开启了我国合作经济理论的研究。毛泽东、邓子恢等中共领导人在领导早期农民运动时，也引入了合作经济思想，从而为中华人民共和国成立之后的农业合作化运动奠定了理论和实践的双重基础。改革开放以来，学者在合作经济领域的研究仍然以农村合作经济组织及制度变迁为主。尤其是2007年《农民专业合作社法》的颁布，加快了基层农业合作经济组织的发展探索，也催生了一批农业合作经济研究成果。国内外关于合作经济组织的理论均为当前乡村振兴背景下新型农村合作经济组织的发展提供了理论支撑和有益启示。

二、产权制度理论

产权制度理论是20世纪30年代以来，以科斯（Coase）为代表的西方经济学者在对正统微观经济学和标准福利经济学的根本缺陷进行思考和批判的过程中形成的。交易费用理论、科斯定理是现代西方产权理论的基础。科斯指出，市场交易需要花费大量成本，在交易成本为正的情况下，不同的产权界定会带来不同的资源配置的效率。作为产权理论创始人的科斯没有明确定义过产权，后来学者作出了相应补充。德姆塞茨（Demsetz）认为，产权包括一个人或其他人受益受损的权利，产权是界定人们如何受益及如何受损，因而谁必须向谁提供补偿，以修正人们所采取的行动。阿尔奇安（Alchian）指出，产权是一个社会所强制实施的选择一种经济品的适用的权利。同时，阿尔奇安在推广和深化科斯理论的基础上，提出了产权界定成本和产权排他性、分割性、外部性。现代产权理论认为外部性的产生是由于私人成本与社会成本的不相等，即社会成本大于私人成本，从而导致了社会福利的损失或低效。因此通过界定、安排产权结构，降低或消除市场机制运行的社会费用，可以提高社会运行效率，促进经济增长。

农业生产以农地为核心资源，农村集体经济以农地为核心资产。农地产权制度安排不仅关系到农村经济效率，还关系到生态环境保护，更关系到城乡居民生计和国家安全。改革开放40多年来，我国农村经济结构和社会结构发生了深刻变化，以农地为核心的农村集体资产产权的归属不清、权责不明、保护不力等问题日益突出，农村集体产权制度改革如箭在弦上不得不发。但此项改革牵一发而动全身，如何兼顾经济发展效率和集体成员权益，兼顾经济社会发展和生态环境保护，充分完善以承包地、宅基地、农房设施为主的各项农村集体产权权能，有赖于吸收和发展产权制度理论，进一步加快实践探索。

三、交易费用理论

"交易费用"这一概念由科斯（Coase）于1937年在其《企业的性质》一文中首次提出，后经阿罗（Arrow）明确定义、威廉姆森（Williamson）系统研究，逐步形成交易费用理论，并成为产权制度理论乃至新制度经济学大厦的核心基石。交易费用理论研究发现，企业的成本包括生产成本、管理成本和交易成本，前两者产生于企业内部，交易成本存在于企业外部，来源于信息的搜寻、发布、讨价还价、谈判、签约、监督、合约执行和违约等环节。这就是狭义的交易成本的概念。而广义的交易成本则是指生产成本以外的所有成本，连管理成本也包含在内。该理论还认为，企业和市场是两种可以相互替代的资源配置机制，即可以通过扩大或者缩小经济组织边界从而节约交易费用（内化或外化成本）。而从另一个角度来看，不同的交易费用会以不同的方式与组织制度相互匹配，即采用不同的组织制度会产生不同的交易费用。

交易费用在农业生产发展的各个方面都扮演着守门员的角色。近年来，越来越多的学者开始关注交易费用对农业生产经营的影响，并寻求最优的组织制度安排。有学者认为小农户与大市场衔接的主要矛盾在于高昂的交易费用，并将农户经营市场的交易费用分为策划市场、执行市场和监督市场三类。也有学者对三类新型农业经营主体——家庭农场、合作社、龙头企业的交易费用进行了详细比较，得出的结论是，家庭农场相较于传统小农户，外生交易费用较低，相较于合作社和龙头企业，内生交易费用（管理成本）较低。由于组织结构简单、开展规模化经营、剩余索取权明确，家庭农场的综合交易费用相对最低，是普遍适合我国当前国情的较优的农业组织制度安排。

第四节　生态环境视角

一、可持续发展理论

1962年，美国女生物学家卡逊（Carson）发表了一部环境科普著作《寂静的春天》，书中描述了农药污染所带来的可怕景象，惊呼人们将会失去"阳光明媚的春天"。该书在世界范围内引发了人类关于"高消耗、高污染、高排放"的发展模式的反思和争论。1987年，联合国世界与环境发展委员会发表了一份报告《我们共同的未来》，正式提出可持续发展概念，即可持续发展是既满足当代人的需要，又不对后代满足其需要的能力构成危害的发展，并以此为主题对人类共同关心的环境与发展问题进行了全面论述。在1992年巴西召开的联合国环境与发展大会上，可持续发展理念得到与会者的共识与承认，并逐渐形成了可持续发展理论。一般认为，可持续发展内涵主要包含三个方面：人类向自然的索取能够同人类向自然的回馈相平衡；人类对于当代的努力能够同对后代的贡献相平衡；人类对本区域发展的思考能够同时考虑到其他区域乃至全球利益。

按照可持续发展理论，农业可持续发展内涵则至少包括：人类对农业生产的投入和从中获取的产出能够相平衡；农事活动中对自然资源和生态环境的开发利用不影响后代生存需求；人类对本区域自然资源和生态环境的利用不影响其他区域的相关利益。简言之，农业可持续发展要做到"三不"——不破坏自然生态，不祸及子孙后代，不影响周边利益。在此要求下，则要努力确保农业农村污染在生态系统的自然消纳程度以内，自然资源数量和质量与可预见的人口、技术、制度等相适应，且能够抵抗意外风险。

二、循环经济理论

循环经济思想萌芽于环境保护兴起的20世纪60年代，即《寂静的春天》发表之后。美国经济学家波尔丁（Boulding）最早提出"循环经济"概念，即在人、自然资源和科学技术的大系统内，在"投入—生产—消费—废弃"的全过程中，通过资源循环利用遏制资源过度消耗，将"资源—产品—污染排放"的传统经济模式转变为"资源—产品—再生资源"的循环经济模式。多年来，循环经济的"3R"基本原则广为人知，即减量化（Reduce）、再利用（Reuse）、再循环（Recycle），分别针对输入端、过程端和输出端。2009年起颁布实施的《中华人民共和国循环经济促进法》也以此诠释循环经济。但也有学者认为，"3R"原则以资源节约为导向，并没有提到无法重新进入生产领域的废弃物的无害化排放问题。故在此基础上又提出了"5R"原则：减量化投入（Reduce）、循环再利用（Recycle）、资源再配置（Relocate）、资源替代化（Replace）、无害化储藏（Restore），进一步拓展了循环经济所涉及的过程尺度和地域尺度。

就农业生产而言，传统的"三高"模式加速了资源消耗和环境污染，促使农业循环经济应运而生。农业循环经济是基于自然作用和人类作用的频繁物质能量交换，运用物质循环再生原理和多层次利用技术，能够减少外部有害物质投入和农业废弃物产生，提高自然资源利用效率和农产品安全水平。当前，发展农业循环经济已经得到普遍认可和广泛实践，但仍需深化理论研究和广泛开展试点，进一步探索不同产业领域、不同空间尺度、不同地形条件的循环农业类型、运营模式、技术支撑及制度保障等。

三、生态价值理论

近一个世纪以来，生态环境问题与人类对自然的改造活动相伴而生，人们开始认识到生态系统对人类生存发展的重要作用和巨大价值。以此认知为基础，生态价值理论逐渐形成。一般认为，生态价值是指以地球生物圈作为生命维持系统或人类生存系统的价值，可以表现为资源价值、经济价值、环境价值、审美价值、生命维持价值、政治价值等，类型大致可分为四类，分别是环境的、生命体的、生态要素的、生态系统的生态价值。除了内涵和分类，生态价值理论领域的研究大多聚焦于生态系统服务价值的评估。康斯坦扎（Costanza）等学者于1997年发表了《世界生态系统服务与自然资本的价值》，在全球率先尝试建立一个具有普适性的生态系统服务价值核算方法。文中将全球生态系统分为16个类型，将生态系统服务分为17个类型，分别进行赋值计算。该研究至今仍是此领域内最有影响力的成果之一，后来的研究大多以此为框架进行调整修补。国内谢高地等学者根据康斯坦扎的估值体系，结合我国国情，编制了中国陆地生态系统的生态系统服务价值当量因子表，进一步推进了我国生态系统服务价值的评估研究。

农业是直接利用自然资源和生态环境开展生产活动的产业，农田是生态系统的重要组成部分。农业生产活动对生态系统尤其是农田生态系统的影响至深，同时，生态系统对农业生产活动的价值最大，尤其是气候条件功能和食物供给功能。因此，对于乡村发展而言，更加需要提高对生态价值的认识，推行资源节约、环境友好的生产方式，促进生态价值的保护、提升和发挥，实现农业生产活动和生态系统的良性互动。

第五节　基层治理视角

一、农村党建思想

中国共产党建党之初，为防止"农民小资产阶级分子"混入革命队伍，对农村基层实行了"关门主义"。1927年大革命失败后，毛泽东在领导秋收起义、建立农村革命根据地的过程中，充分认识到农村基层党组织建设的重要性，创建了我党第一个健全的农村基层党组织——中共湖南韶山支部。他还结合我国国情，确立了联合农民的基本方针，其主张：创建农村支部，吸纳农民中的优秀分子加入党组织，扩大基层党组织覆盖面；优化农村基层组织机构，明晰职责，自上而下开展组织整顿，完善农村基层党组织制度；以服务农民为宗旨，切实减轻农民负担，加强农村基层党员队伍建设。毛泽东的农村党建思想极大地增强了全党整体战斗力，为夺取革命胜利奠定了坚实基础。与此同时，中华人民共和国成立后，农村基层党组织继续发挥功效，激发和调动了广大农民的政治热情，保证了农村支援城市、农业支持工业建设的顺利进行。

改革开放后，基于农村基本经营体制的调整，农村基层党组织设置也随之调整——由建在生产大队上改为建在行政村上。此外，经济联合体、乡镇企业、村办企业和个体工商户等农村经济组织也可以建立党支部，从而使党的基层组织覆盖了农村的行政事务和经济事务。20世纪90年代，我党进一步明确了农村基层党组织在农村的领导核心地位，明确其是党在农村全部工作和战斗力的基础。1999年中央正式出台了《中国共产党农村基层组织工作条例》。

步入21世纪，我国开始探索农村基层党组织建设与新农村建设同步推进，强化基层班子建设，并通过开展创建"五个好""三级联创"等系列活动充分调动基层党组织工作积极性，规范其工作内容。党的十八大以来，全党把"全面提高党的建设"作为新的伟大工程，不断加强党员教育和管理。"三严三实""两学一做""三会一课"等教育活动有效地改进了农村基层党组织的思想作风，进一步夯实了我党在农村的执政基础。随着农村改革发展和形势任务的变化，《中国共产党农村基层组织工作条例》（以下简称《条例》）已经不能完全适应新的要求和实践需要，2019年中央对《条例》进行了修订。自此，我国在农村基层的建党、管党、治党的相关理论思想越发成熟和丰富。

二、乡村治理理论

"治理"（Govenance）一词在英文中意为管理、支配、控制，常与国家或机构的公权力的行使、公共事务的处理有关。但其定义一直较为模糊，直到1995年全球治理委员会在《我们的全球伙伴关系》研究报告中给出了具有较强代表性和权威性的定义：治理是各种公共的或私人的个人和机构管理其共同事务的诸多方式和总和，是使相互冲突或不同的利益得以调和并采取联合行动的持续过程。此外，治理还有四个显著特征：治理不是一整套规则，而是一个过程；治理不是控制，而是协调；治理既涉及公共部门，也包括私人部门；治理不是一种正式的制度，而是持续的互动。学界普遍认为，治理的目标是建立一个政府、市场、公民社会紧密联系且多元合作的公共事务治理模式。

乡村治理是国家治理体系的重要一环，也是当代治理理论的重要组成部分。费孝通提出的"双轨政治"、杜赞奇（Duara）提出的"权力的文化网络"、黄宗智提出的"集权的简约治理"及"国家政权建设""国家与社会关系"共同构成我国乡村治理的基本理论范式，这五大分析框架被后来学者广泛使用。此外，在历经农村制度不断变迁的过程中，理论界也越来越关注乡村治理机制创新问题。徐勇（2007）提出要强化以农民为主体的意识和制度安排；陈荣卓、杨正喜（2010）提出要构建以满足农民政治参与为导向、实现政府与农民双向互动的乡镇治理机制；季丽新、张晓东（2014）则强调通过提高农村基层干部积极性、发展农村民间组织等方式来发展和完善农村民主协商治理机制；张静等（2017）提出了农村公共资源网络治理机制，即强调政府治理与非政府治理、社会伙伴治理的有机结合，使多元主体共同参与公共资源治理的过程。在此基础上，理论界也针对农村公共品供给、农村纠纷调解等具体治理问题展开了研讨，进一步细化和丰富了乡村治理理论，为乡村组织振兴提供了有益参考。

第三章　乡村振兴分类推进战略导向

第一节　集聚提升类

一、实施对象及特征

集聚提升类村庄是指现有规模较大的中心村和其他仍将存续的一般村庄，具有较大的发展提升空间。目前我国大多数乡村都属于集聚提升类村庄，是乡村振兴的重点。根据历史沿革、地理区位、经济基础、产业发展情况，又可将该类村庄分为两个小类：一是通过撤乡并村等，由原来的两个及以上村庄合并形成的新村庄，并已发展成为经济强村，具有较好的经济基础，交通区位条件较好，且第二、第三产业已发展形成一定的规模。如江苏、浙江等经济发达地区的村庄多属于此种类型。二是产业发展以农业为主，第二、第三产业相对较弱的村庄。

二、发展思路与举措

坚持因地制宜，科学确定村庄发展方向，在原有规模基础上有序推进改造提升，激活产业、优化环境、提振人气、增添活力，保护保留乡村风貌，建设宜居宜业的美丽村庄。鼓励发挥自身比较优势，依托田园风光、乡土文化、民俗技艺等独特资源，坚持"一村一品"，强化主导产业支撑，支持农业、工贸、休闲服务等专业化村庄发展，以产业发展促进集聚提升类村庄经济繁荣，实现第一、第二、第三产业融合发展。

（一）在原有规模基础上有序推进改造提升

依托村庄本土资源优势，继续推进现有产业发展，突破现有发展瓶颈，形成产业联动，促进村庄产业功能拓展与业态延伸。

一是针对农业基础条件较好的村庄，重点依托农业资源优势，加快改善农业基础设施条件，发展现代农业。同时，拓展农业功能，发展农产品加工业，延长农业产业链，提升农业附加值，促进村庄产业经济提升，带动村庄功能转型和产业、人口、用地及文化的复兴。

二是针对第二、第三产业发展相对较好的村庄，重点以特殊工艺和手工制造为核心资源，利用加工业的基础优势，带动原材料种植行业发展。同时，配套发展相关生产性服务业，形成完整的产业链条，带动村庄产业转型与升级。

（二）同步推进专业化村庄发展

结合村庄发展实际及发展规划，按照"区域调特、规模调大、品种调优、效益调高"的思路，坚持遵循国际国内市场需求导向，科学选择适合自身发展、符合市场需求的特色优势主导产业。充分发挥村庄的资源优势、传统优势和区位优势，通过专业化、标准化、规模化、市场化和品牌化建设，强化主导产业支持，发展农业、工贸、休闲服务等专业化村庄。

一是针对农业基础条件较好的村庄，继续培育壮大现有产业，推进"一村一品"，选择1~2个特色支柱产业，突出培育"独一份""特别好""好中优"的农产品，形成一批以蔬菜、水果、畜禽及乡村旅游等为主导的花果飘香、畜禽成群、环境优美、农民富裕的专业村。同时，加强品牌建设、认证、保护和宣传，借鉴烟台苹果、和田大枣、永川秀芽等知名品牌，打造具有地域特色的农产品公共品牌，提升农产品知名度和市场竞争力。拓展融资渠道，推行"公司+基地+农户""合作组织+基地+农户"等发展模式。探索连锁经营、产销直挂、产品配送等新业态，培育农村经纪人和农民专业合作社，实现农产品快速、有序流通。

二是针对第二、第三产业发展相对较好的村庄，鼓励发展农产品加工、储藏、包装、运输、商品化处理等产业；拓展生态保护、文化传承、休闲观光等农业功能，发展乡村旅游和休闲农业；支持发展电子商务营销，保障特色产品优质优价，实现产业链相加、价值链相乘、供应链相通的"三链重构"，推动主导产业提档升级，实现产业融合发展。

第二节　城郊融合类

一、实施对象及特征

城郊融合类村庄是指县城城关镇所在地及城市近郊区的村庄，具备成为城市后花园的优势，也具有向城市转型的条件。实际上，这类村庄已经成为城市的一部分，城市的公共服务和基础设施等也在向这类村庄延伸，具有经济条件较好、基础设施和公共服务设施较为完善、交通便捷、农业集约化规模化经营水平高、土地产出效率高、农民收入水平相对较高等特点。

二、发展思路与举措

结合工业化、新型城镇化发展，并考虑村庄发展实际，坚持共建共享、融合发展理念，促进城市要素加快向村庄流动、农产品及生态旅游资源加快向城市流动，形成城乡公共服务共建共享、基础设施互联互通、产业融合发展的新局面。同时，注重保留乡村原有的风貌形态，构建现代乡村治理新体系，提升村庄承接城市功能外溢、服务城市发展、满足城市消费需求的能力。

（一）促进城乡产业融合发展

立足城乡融合类村庄的资源禀赋，科学选择具有一定发展基础和发展空间的主导产业，发展特色经济，加强产业联动发展，加快村庄产业向城镇产业融合的步伐。

一是合理布局城郊融合类村庄的农业发展空间，着力发展特色优势农业，依托龙头企业、家庭农场、大户等新型农业经营主体，适度发展规模农业，推进农业园区（基地）建设，提升农产品供给质量。

二是鼓励城镇工业生产要素向城郊融合类村庄流动。城郊融合类村庄应以新型城镇化为契机，充分利用连接城乡的区位优势，积极承接城市加工、制造业转移，大力发展以特色优势产业为依托的农产品加工业，延伸农业产业链条，提升农产品附加值。

三是发展农村现代服务业，优化城郊融合类村庄的人口和产业布局，改善农村现代服务产业环境，促进农村服务业标准化、规范化发展，创新"旅游+""+旅游"模式，推动农旅文商体等产业深度融合，促进乡村旅游产业提档升级，更好地满足城市消费需求。

（二）促进城乡基础设施互联互通

立足城郊融合类村庄的区位优势，大力推进面向"三农"需求的网状基础设施建设，构建城乡互联互通、安全高效的基础设施网络体系，进一步提升该类型村庄承接城市功能外溢的能力。

一是继续实施"四好"农村路建设工程。重点建设一批旅游路、产业路、便民路，加快形成从城市到乡村、从市场到田头畅通便捷的交通网络体系。同时，探索拓展扩宽乡村路，比如配套规划和修建停车场、水电气设施、服务区、加工区、生活区等，解决乡村基础设施建设和公共服务难题，推进创新发展。

二是优化水资源配置。推进重点水源工程建设，着力解决工程性缺水问题。以新建集中式供水工程、管网延伸工程、水质净化与消毒设备配套工程及信息化工程建设为重点，加强农村饮用水网络建设，保障农村生活用水。扎实推进农业节水行动，大力实施高效节水灌溉工程，构建农业灌溉供水网络体系。

三是加强信息网络建设。深入实施数字乡村战略，推进光纤、4G等高速宽带网络延伸覆盖，大力发展农村电子商务，深入推进"移动互联网村"和电子商务进农村示范建设。

四是健全新型农村综合信息服务体系。集聚各类信息服务资源，全面推进信息产品和服务进村入户，弥合城乡数字鸿沟。

五是立足城郊融合类村庄实际，实施农村电网改造升级行动，改造提升现有燃气管网，主动融入城镇管网体系，提高城乡电力、燃气保障均等化水平。

（三）促进城乡公共服务共建共享

加快城郊融合类村庄公共服务发展，有利于推进该类村庄经济发展方式的转变，提高产品供给的质量，提升服务城市发展的能力。打造城市优质公共服务资源的分散承接区，通过优质公共服务向城郊分散布局，有效治愈当前较为突出的"城市病"。

一是打造城市优质教育资源的分散承接区。推动城市优质学校与村镇中小学校结对帮扶、联建共建，改善原有的义务教育薄弱学校、乡村小规模学校、寄宿制学校基本办学条件，提升其办学水平。同时，积极对接上级部门，争取成为城市优质基础教育资源合理分散布局的承接区域，并以优质中小学师资为支撑，在承接区域建立分校，以有效缓解城市优质教育资源过于集中而带来的交通拥堵等压力。

二是推进城郊公共卫生资源合作共享。在围绕建设"健康乡村"改善本地医疗卫生软件硬件的同时，抓住国家大力推进医疗联合体建设的契机，加强与城市大医院等的合作，争取纳入各种形式的医联体，实现农村
市医院的双向转诊，以更好地优化医疗资源配置，解决百姓看病难、
的问题。

三是打造城郊康养基地。围绕城市后花园的定位，积极提升村庄养老服务能力，探索"公建民营""民办公助"养老服务发展模式，打造专业化、个性化、便利化的城郊康养基地，既能为农村留守老人提供高质量养老服务，又能满足城市老人的就近养老需求。

第三节 特色保护类

一、实施对象及特征

特色保护类村庄是指历史文化名村、传统村落、少数民族特色村寨、特色景观旅游名村等自然历史文化特色资源丰富的村庄，是彰显和传承中华优秀传统文化的重要载体。一般来说，该类型村庄有明显的地理优势，交通出行便捷，有山有水，适宜居住；有相对集中的传统院落，古建筑风格特色突

出；还有深厚的人文资源优势，以及重要历史事件和历史名人、非物质文化遗产的传承、民间传说、地方小吃等。同时，该类村庄也面临产业类型较单一，农民生活水平不高，"空心化"现象突出，以及保护重要性认识不够、资金投入不足、规划实施不力等问题。

二、发展思路与举措

由于各个村庄的经济、地理情况及村庄特色的表现形式不同，其发展重点和方向也各不相同。因此，该类型村庄要体现差异性，可根据不同地区的自然历史文化禀赋，将保护、利用与发展相结合，保护村庄的传统地址、格局、风貌、自然和田园景观等整体空间形态，以及文物古迹、历史建筑、传统民居等传统建筑基础，尊重原住居民生活形态和传统习惯，改善村庄基础设施和公共环境，合理利用村庄特色资源，发展乡村旅游和特色产业，实现村庄特色保护与村庄发展良性互促，打造有地域风貌、文化脉络、历史记忆、民族特点的特色村庄。

（一）坚持保护、利用与发展并重

随着乡村振兴战略的加快实施，农民生活水平不断提高，对物质和精神文化的需求也会随之发生变化，从而对村庄的发展和特色保护提出了新的要求。村庄的保护应集中体现在确保村庄的完整性、真实性和延续性，而村庄特色的延续和保护又是村庄发展的基础。同时，村庄发展也能赋予村庄更丰富的内涵，使村庄的特色更加富有生命力。因此，应积极探索该类村庄保护、利用与发展管理机制创新。

一是强化村庄规划设计引导，保护和塑造特色风貌。根据村庄自身条件和发展需要，在原有村庄格局、形态肌理的基础上，注重村庄详细规划，遵循村庄自然演变规律，尊重农民生产生活习惯和乡风民俗；积极构建村庄点上出色、线上出彩、面上出新的绿色发展新格局，培育一批自然环境优美、人文特色鲜明、建筑风貌协调、适宜产业壮大的特色美丽村庄，促进整体风貌改善。

二是挖掘利用文化旅游资源，传承展示村庄特色。大力发展文化旅游产业，积极发展运动、养老、民宿、文创等经济业态，提高农民收入水平。深度挖掘历史文化内涵，积极开展村庄物质和非物质文化遗产普查登记。积极举办各类文化节庆活动，加强文化传承，开展文化展示活动，让游客在休闲观光中体会到特色文化、生活习俗等乐趣。

（二）改善村庄基础设施和公共环境

特色保护类村庄的发展离不开良好的基础配套设施和环境。

一是积极提升农村基础设施建设水平。推进镇村道路提档升级，改善村庄内部交通条件，提升道路通达水平；完善农村交通配套设施，在主要村口、路口增设村标、路标，结合村庄总体布局、绿化建设，增加停车场地，满足村民和游客日益增长的停车需求。

二是加快优化农村生态环境。按照城区环境卫生管理的模式进行村庄环境卫生建设，加大村庄垃圾收运处理设施和污水处理投入，探索城乡环卫设施资源共享；以治脏、治乱、治污为重点，加强农民房前屋后环境整治，引导鼓励村民共同维护村庄环境；推动农村生活垃圾分类处置，提升垃圾减量化、无害化、资源化处理水平；围绕垃圾收运、道路修护、绿化养护、河道管护、公共设施维护等建设，建立健全长效机制，实现由"以建为主"向"建管结合"的转变，同时探索引入市场机制，培育市场化的专业管护队伍。

第四节　搬迁撤并类

一、实施对象及特征

搬迁撤并类村庄主要包括三大类：位于生存条件恶劣、生态环境脆弱、自然灾害频发等地区的村庄，因重大项目建设需要搬迁的村庄，人口流失特别严重的村庄。第一类基本上属于不适宜居住和进行农业生产的地区，这些地区居住条件差、基础设施落后、发展潜力有限，主要分布在山区。至于人口大量流失导致出现空心化的村庄，虽然土地条件相对来说不算特别好，但土地、耕地还可以用，这类村庄的生产功能可以保留，土地可以进一步集中以发展现代农业，人口可以往集聚提升类村庄集中。

二、发展思路与举措

按照"搬得下、稳得住、富得起"的总体要求，坚持"政府引导、农民主体、市场运作"的原则，立足集镇与中心村建设，按照"内聚外迁、梯度转移"方式，采取整体搬迁与零星搬迁相结合、集中安置与分散安置相结合、保留原有生产资料与推进土地山林规模流转相结合的办法组织实施，力争对符合搬迁条件的农户基本实现愿搬尽搬。同时，着力加快安置区产业发展，拓宽群众增收渠道，推进迁出区土地整治和生态修复，保护生态环境，促进乡村振兴。

（一）坚持集中安置和分散安置相结合

统筹考虑水土资源条件、贫困人口分布及搬迁对象意愿，结合新型城镇化、工业园区建设、城镇保障性安居工程和美丽乡村建设，重点向靠近交通要道的中心村、移民新村、小城镇、工业园区及乡村旅游区等适度集中安置，引导搬迁群众通过进城务工、投靠亲友等方式分散安置。

（二）加快推进安置区产业发展

根据安置区资源禀赋、环境承载情况，紧密结合新型城镇化和美丽乡村建设，培育发展特色优势产业，鼓励搬迁户流转承包地、林地经营权，促进乡村发展规模经营。坚持区域特色主导产业发展与就业增收相结合，坚持产业发展长短结合、种养结合，不断增强脱贫的稳定性和可持续性。优先安排搬迁贫困户开展适应性技能培训，提高就业能力，拓宽搬迁对象增收渠道。支持搬迁安置区发展物业经济、社区经济等业态，增加搬迁户收入。

（三）推进迁出区土地整治和生态修复

通过平整土地、改良土壤等方式，实施迁出区基本农田改造。深入开展迁出区宅基地复垦工作，增加有效耕地面积。加强迁出区生态修复，与退耕还林还湿、天然林保护、地质灾害防治、生态环境综合治理等工程相结合，确保迁出区水土流失得到有效治理，林草植被覆盖率显著提高，生态环境明显改善。

第四章　乡村振兴与乡村治理方式

第一节　乡村产业振兴

一、新时代乡村产业振兴的概念内涵

产业产生、发展于社会分工与生产力发展之中，它随社会分工产生，随生产力发展而发展。产业具有丰富多重的内涵，产业的内涵随着经济的不断增长、社会发展水平的不断提高而不断充实，外延不断扩展。乡村产业是乡村生产系统中各产业部门的组合，乡村产业结构是一个由乡村生产系统中各产业部门组合而成的多层次复合体，在乡村经济结构中占有重要地位。《国务院关于促进乡村产业振兴的指导意见》指出，乡村产业根植于县域，以农业农村资源为依托，以农民为主体，以农村第一、第二、第三产业融合发展为路径，地域特色鲜明、创新创业活跃、业态类型丰富、利益联结紧密，是提升农业、繁荣农村、富裕农民的产业。近年来，我国农村创新创业环境不断得到改善，新产业新业态大量涌现，乡村产业发展取得了积极成效，但也存在产业门类不全、产业链条较短、要素活力不足和质量效益不高等问题，亟须加强引导和扶持。在我国主要矛盾发生转变，经济发展由高速发展步入高质量发展阶段的新时代背景下，为了解决乡村在发展中出现的问题，必须按照"产业兴旺、生态宜居、乡风文明、治理有效、生活富裕"的总要求，为实现强农富民美村目标而推进新时代乡村产业高质量发展。

乡村产业振兴是乡村振兴的基础，发展是第一要务。实施乡村振兴战略

的最终目的是彻底解决乡村发展中出现的问题，即"三农"问题，促进乡村全面发展，缩小城乡差距，而产业发展正是解决所有乡村问题的基础。新时代推进乡村产业振兴必须以习近平新时代中国特色社会主义思想为指导，全面贯彻落实党的十九大和中共十九届二中、三中全会及中央经济工作会议精神，坚持以人民为中心，坚定树立创新、协调、绿色、开放、共享的新发展理念。乡村产业振兴既要秉持"因地制宜、突出特色""市场导向、政府支持""融合发展、联农带农""绿色引领、创新驱动"的基本原则，深化农业供给侧结构性改革，促进农业与第二、第三产业融合发展，鼓励贫困地区发展特色产业，坚决打赢脱贫攻坚战，实现精准脱贫，延长农业产业链、增值价值链，增强乡村产业发展的可持续性，也要力争用5～10年时间取得重要进展，为农民生活富裕、农业产业现代化和乡村全面现代化奠定基础。

新时代推进乡村产业振兴必须牢牢把握乡村产业振兴的深刻内涵。第一，要明确乡村产业振兴战略是乡村振兴的基石和重点，在乡村振兴战略中居于核心地位。新时代推动乡村振兴的核心是实现乡村产业的发展，乡村产业的发展是乡村实现可持续发展的基础和内在要求。乡村振兴战略首先要解决农民的"钱袋子"问题，只有实施乡村产业振兴战略，才能让农民富起来。第二，要正确理解和把握乡村产业振兴与人才振兴、文化振兴、生态振兴、组织振兴之间的关系。产业振兴是乡村振兴战略的基石和核心，但其他四个振兴也是不可缺少的，不能忽略其他四个振兴的整体同步推进。产业振兴战略的实施对其他四个振兴具有促进作用，同样，其他四个振兴的推进，也会为产业振兴提供必备的支撑条件，从而进一步推动产业振兴。新时代实施乡村振兴战略，既要充分发挥好产业振兴的优势，奠定好坚实的经济基础，以乡村产业振兴推动其他四个振兴，又要协调好乡村产业振兴与人才振兴、文化振兴、生态振兴、组织振兴之间的关系，各自发挥优势、集聚合力，共同助推乡村振兴，促进乡村的高质量发展。第三，推进乡村产业振兴，要加强乡村、政府、企业、农业大学之间的联系，促进四者之间相辅相成，各司其职，充分发挥乡村本土资源性、政府引导性、企业行业性、农业大学专业性等优势，整合资源，畅通信息渠道，协同发力，实现全方位助力乡村产业振兴，力争实现乡村产业振兴效能的最大化。

二、新时代乡村产业振兴的地位和作用

（一）乡村产业振兴是党和国家重大发展战略中的关键环节

党的十九大报告强调，产业兴旺是乡村振兴的重要基础，是解决农村一切问题的前提，这里的"一切"指的是农村全局、全面、全方位的。没有产业，就没有乡村的振兴，乡村振兴也就是一个"空中楼阁"。发展乡村产业是促进乡村振兴的根本所在。党的十八大以来，面对我国经济发展进入新常态带来的深刻变化，党中央切实把农业农村的优先发展落到实处，以乡村产业振兴为基础带动乡村全面振兴，为推动农业农村发展提供了有力支撑。《中共中央、国务院关于实施乡村振兴战略的意见》专门指出，必须坚持质量兴农、绿色兴农，以农业供给侧结构性改革为主线，加快构建现代农业产业体系、生产体系、经营体系，提高农业创新力、竞争力和全要素生产率，加快实现由农业大国向农业强国转变。《乡村振兴战略规划（2018—2022年）》专门强调，要发展壮大乡村产业。以完善利益联结机制为核心，以制度、技术和商业模式创新为动力，推进农村第一、第二、第三产业交叉融合，加快发展根植于农业农村、由当地农民主办、彰显地域特色和乡村价值的产业体系，推动乡村产业全面振兴。《关于促进乡村产业振兴的指导意见》（以下简称《意见》）指出，产业兴旺是乡村振兴的重要基础。《意见》明确了促进乡村产业振兴的总体要求、重点任务、政策措施、组织保障等一系列重大问题，明确了乡村产业"抓什么""怎么抓"等问题，为今后一个时期促进乡村产业振兴提供了指导。从把产业振兴作为实施乡村振兴战略的重要基础，到相继出台一系列关于乡村振兴战略和乡村产业振兴的指导规划、指导意见，乡村产业振兴逐步上升为党和国家实施乡村振兴战略中的关键一环和重要前提，其突显了乡村产业振兴在乡村全面振兴中的重要战略地位和关键性作用。只有实施乡村产业振兴战略，实现产业兴旺、乡村经济高质量发展，才能达到农民生活富裕的要求；只有经济发展起来了，农民腰包鼓起来了，才有基础促进文化、人才、组织、生态振兴，从而达到产业兴旺、生态宜居、乡风文明、治理有效、生活富裕的总要求。

（二）乡村产业振兴是满足人民日益增大的美好生活需要的重要基础

产业兴，则乡村兴。农民对美好生活的向往就是要实现农村产业兴旺，走中国特色社会主义乡村振兴道路，让农业成为有奔头的产业，让农民成为有吸引力的职业，让农村成为安居乐业的美丽家园。乡村产业将农业、农村、农民直接联系在一起，产业是否兴旺直接关系农民增收、农村经济发展。"党的十八大以来，乡村产业呈现良好发展势头。粮食产能连续7年保持在1.2万亿斤以上，农产品加工业主营业务收入达14.9万亿元，乡村休闲旅游营业收入超过8 000亿元，农业生产性服务业营业收入超过2 000亿元，农村网络销售额为1.3万亿元，返乡下乡创新创业人员累计达780万人。"如今，一批彰显地区特色、体现乡村价值、乡土气息浓厚的乡村产业，正在农村广阔天地中不断成长壮大，为乡村振兴提供了强有力的支撑。

同时，近年来我国一些地方出现了"空心村"的问题，一些乡村留不住人，日渐凋敝。农业农村部乡村产业发展司司长曾衍德在回答记者问题时强调，没有产业，乡村就吸引不了资源要素，也就留不住人。解决好"空心村"问题，"根本的还是发展乡村产业""要把产业更多留在乡村""要把就业岗位更多留给农民""要把产业链增值收益尽量留给农民"。发展乡村产业的目的是促进农民持续增收，推动乡村生活富裕。目前，一些乡村产业与农民联系不紧，增值收益留给农民的不多。曾衍德指出，"要建立联农带农机制，通过融合发展等多种方式，让农民不但有业就、有活儿干，更要有钱赚，让农民的腰包鼓起来，让农民的笑脸多起来"。因此，实现乡村产业振兴是解决"空心村"问题、实现乡村可持续发展的基础和内在要求。我国作为农业大国，农村经济发展、农村民生改善是中央解决"三农"问题的关键要素。农民就业是否充分、农民钱袋是否鼓起、农村经济是否发展、农民生活是否改善就成了乡村产业是否兴旺、乡村是否振兴的显著标志。我国部分乡村尤其是中西部地区乡村发展质量还很落后，乡村产业也存在产业门类不宽、产业链条不长、要素活力不强、质量效益不高等问题，推进乡村产业振兴就是要进一步促进乡村产业发展，提高农村经济发展水平，有效改善农村民生问题，缩小贫富差距，坚决打赢脱贫攻坚战，着力满足人民日益增大的美好生活需要，实现从农业大国到农业强国的转变。

（三）乡村产业振兴是加快推进农业农村现代化的根本所在

产业是乡村振兴的核心载体，产业振兴是加快推进农业农村现代化的根本。只有产业振兴的经济基础好，才能建设好乡村环境基础、文化基础、社会基础，并最终实现生活富裕的民生目标。《乡村振兴战略规划（2018—2022年）》指出，当前我国农业供给侧结构性改革取得新进展，农业综合生产能力明显增强，农业结构不断优化，农村新产业新业态新模式蓬勃发展，农业生态环境恶化问题得到初步遏制，农业生产经营方式发生重大变化。农村改革取得新突破，农村土地制度、农村集体产权制度改革稳步推进，重要农产品收储制度改革取得实质性成效，农村创新创业和投资兴业蔚然成风，农村发展新动能加快成长。城乡发展一体化迈出新步伐，5年间8 000多万农业转移人口成为城镇居民，城乡居民收入相对差距缩小，农村消费持续增长，农民收入和生活水平明显提高。脱贫攻坚开创新局面，贫困地区农民收入增速持续快于全国平均水平，集中连片特困地区内生发展动力明显增强，过去5年累计6 800多万贫困人口脱贫。农村公共服务和社会事业达到新水平，农村基础设施建设不断加强，人居环境整治加快推进，教育、医疗卫生、文化等社会事业快速发展，农村社会焕发新气象。

因此，经过一段时间的发展，我国的农业农村现代化已经有了初步的成就，积累了一定的基础。根据《乡村振兴战略规划（2018—2022年）》，到2022年，我国的现代农业体系初步构建，乡村产业加快发展，乡村振兴取得阶段性成果；到2035年，乡村振兴取得决定性进展，农业农村现代化基本实现；到2050年，乡村全面振兴，农业强、农村美、农民富全面实现。要实现这一近期目标与远景规划，我们需要大力推动乡村产业振兴，加快建设农村现代经济体系。农业是国民经济的基础，农村经济是现代化经济体系的重要组成部分。目前，在田头就业的农民有减少的倾向，一些青壮年劳动力进城务工。这些外出务工的农民不是不想在乡村就业，而是乡村的产业发展不充分，就业岗位较少，他们只能另外寻找机会。只有通过发掘农业的新功能和新价值，延长产业链、提升价值链、打造供应链，加快构建现代农业产业体系、生产体系、经营体系，把更多的就业岗位留在农村、留给农民，农业才能强起来，农业农村发展水平才会提高；只有通过实施绿色兴农、质量兴农战略，绿色发展模式更加成形，农村才能美起来；只有通过产业振兴，农民就业增收渠道拓宽了，农民收入增加了，农民才能富起来，乡村振兴才会有希望。

在过去一段时期内，乡村产业发展主要强调生产发展，而且主要是农业发展，其直接目的是解决农民的温饱问题。党的十九大报告明确指出，我国经济已由高速增长阶段转向高质量发展阶段，同时乡村产业发展也从生产发展转变为产业兴旺。这一提法的转变，意味着新时代推动乡村产业振兴的目标是实现农业农村现代化，逐步建立现代农业产业体系。"产业兴旺要求从过去单纯追求产量向追求质量转变、从粗放型经营向精细型经营转变、从不可持续发展向可持续发展转变、从低端供给向高端供给转变。"当前，我国乡村产业发展还存在区域特色优势不足、产业结构单一缺乏竞争力、产业发展不稳定等问题，实施乡村振兴战略必须紧紧抓住产业振兴这个核心，真正打通农村产业发展的"最后一公里"，为乡村振兴战略的实施和农业农村现代化提供坚实的经济基础。

第二节　乡村文化振兴

一、新时代乡村文化振兴的重要价值

（一）乡村文化振兴是实现乡风文明的基本途径

实施乡村振兴战略的重要目标是实现乡风文明，就是要充分发挥文化在乡村振兴中的作用，通过文化建设实现乡村的和谐、有序发展，乡村振兴、乡风文明要求文化先行。新时代乡村文化振兴为乡村振兴提供精神动力，指导引领新时代乡村振兴的各个方面。乡风文明是乡村振兴的紧迫任务，正如全国文明村苏州市常熟市蒋巷村的常书记说的"富了口袋，还要富脑袋"。精神文明建设对于农村农民来说既是重点又是难点。大力弘扬社会主义核心价值观，真正让农民听得懂、能理解，把党中央的政策方针大众化、平民化，真正让农民理解、消化吸收，有助于乡村的精神文明建设。2018年9月21日，在十九届中共中央政治局第八次集体学习时强调，乡风文明，是乡村

振兴的紧迫任务，重点是弘扬社会主义核心价值观，保护和传承农村优秀传统文化，加强农村公共文化建设，开展移风易俗，改善农民精神风貌，提高乡村社会文明程度。乡风文明既是乡村振兴的重要内容，也是乡村振兴的重要推动力量和软基础，还是乡村文化的重要载体。从我国经济社会发展的客观实际来看，乡风文明不仅是实现全面小康和打赢精准脱贫攻坚战的重要抓手，也是整个乡村振兴战略要素中十分关键的因素。充分借鉴和吸取我国优秀的传统文化和其他国内外成熟的经验，将其润物细无声地深入我国广大乡村生产和生活方式的转变中，以实现内化于心、外化于行，彻底激发出乡风文明对助推乡村振兴战略成功实践的积极效能。实现乡风文明，实质上就是复兴和活化我国广大乡村优秀传统文化，发挥传统文化在乡村影响久远、深入人心的优势，并与现代文明理念相结合，提升村民的思想觉悟、道德水准和文明素养，优化乡村民风。而这重点是激发内生文化自信，推动乡村振兴事业。

（二）乡村文化振兴是实现农业农村现代化的重要动力

农业农村现代化是包含多个层面的现代化体系，农业农村现代化"既不是农业现代化的简单延伸，也不是农业现代化和农村现代化的简单相加，而是包括农村产业现代化、农村生态现代化、农村文化现代化、乡村治理现代化和农民生活现代化的有机整体"。农业农村现代化的一个重要方面就是通过农村文化发展，实现农村文化现代化。农村文化现代化要以社会主义核心价值观、社会主义核心价值体系为引领，大力传承和弘扬农村优秀传统文化，促进农村优秀传统文化与中国特色社会主义文化、各国优秀文化相结合，从而促进农业农村现代化。乡村文化振兴是实现农业农村现代化的精神支柱，传承和运用农村优秀传统文化，不断与时俱进，更好地发挥农村的独特资源优势，充分挖掘文化资源优势，推动第一、第二、第三产业的发展，提高农业农村整体面貌。乡村文化振兴推动乡村文化产业发展，具有鲜明区域特点的乡村文化是重要的文化资源，对乡村独特文化资源进行开发和市场运作，推动文化与农业、文化与旅游等产业的融合发展，实现文化与产业的有机结合，发展差异化的文化旅游产业、文化休闲产业、文化创意产业，形成独具特色的乡村文化产业。挖掘乡村文化资源，赋予农产品以特有的乡村文化内涵，提升农产品的文化特性和文化品位。乡村文化振兴推动乡村生态振兴，中国几千年的乡土文化，倡导人与自然、人与人和谐共生，形成了村民共同遵守的生态道德，融入文化传统和生活习俗，通过深入挖掘这些生态道德、生活习俗等文化资源，大力弘扬生态文化，有助于建设乡村生态文明，培养人们的生态保护意识，养成农民良好的绿色生活、绿色消费习惯，树立尊重自然、顺应自然和保护自然的生态文明观，加快乡村生态振兴。乡村文化振兴推动乡村社会治理，文化赋予生活以意义，文化将个体连接成为有机的整体，并赋予乡村生活以价值。文化赋予乡村社会以秩序，养成尊老爱幼的风气就需要有相应的文化氛围。通过乡村文化建设，弘扬社会主义核心价值观，建设社会主义先进乡村文化，形成新的道德标准，建立道德激励约束机制；培育农民自治文化，引导村民自我管理、自我教育、自我服务、自我提高，形成家庭和睦、邻里和谐、干群融洽的氛围，让乡村社会充满活力、安定有序，为乡村振兴提供和谐稳定的社会环境；培育法治文化，增强村民的法治意识、法治理念和法治精神，增强人们崇尚法律、遵守法律的自觉性。乡村文化振兴为实现乡村振兴提供基础，文化不仅承载着国家和民族的精神血脉，更是维系我们全体中华儿女共同追求的价值纽带。农村文化是农村的精神和灵魂所在，它以其强大的内在精神动力规定着农民的生活理念、农业的发展方式和农村的建设布局，是提升农民文化水平、坚定农村文化自信的核心，更是转变农业农村发展方式、实现农业农村现代化的价值引领。

（三）乡村文化振兴是彰显中国特色社会主义文化自信的重要体现

2014年10月15日，在文艺工作座谈会上指出："中华优秀传统文化是中华民族的精神命脉，是涵养社会主义核心价值观的重要源泉，也是我们在世界文化激荡中站稳脚跟的坚实根基。增强文化自觉和文化自信，是坚定道路自信、理论自信、制度自信的题中应有之义。"随后，习近平在2016年5月17日的哲学社会科学工作座谈会上的讲话中提到："我们说要坚定中国特色社会主义道路自信、理论自信、制度自信，说到底是要坚定文化自信。文化自信是更基本、更深沉、更持久的力量。历史和现实都表明，一个抛弃了或者背叛了自己历史文化的民族，不仅不可能发展起来，而且很可能上演一场历史悲剧。"①中国特色社会主义文化是中国特色社会主义的灵魂和精髓，坚定文化自信对一个民族、一个国家的发展至关重要。乡村文化振兴要充分估量乡村文化的价值及发展前景，引导农民树立文化自信，克服和改变乡村文化自信缺失、文化认同感和文化自豪感低的现状。如果广大农民不能认同乡村文化，就谈不上乡村文化自信，更谈不上文化的复兴甚至民族的复兴。因此，从文化自信的角度来看，乡村文化振兴就是在补短板，大力增强乡村文化发展的内在动力，用精神文化的力量让城市和乡村携手步入小康社会，为实现中华民族伟大复兴的中国梦奠定基础。

基于乡土文化的特殊重要性，在一定程度上，乡村文化振兴首先就是要让广大农民真正树立起对乡村特有乡土文化的坚定自信，认识乡土文化所蕴含的丰富内容，具有的强大生命力和渗透力。乡村是中华传统文化生长的家园，乡土文化是中华优秀传统文化的"根"，是社会主义先进文化和革命文化的源头，是坚定中国特色社会主义文化自信的根本依托。树立乡土文化自信不仅是增强文化自信的内在要求，也是实现乡村文化振兴的必要前提。乡土文化自信不是盲目自信，而是源自乡土文化的自觉、自醒，是基于对乡土文化价值的深刻认识。乡土文化孕育、守护着中华文化的精髓。中华文化本质上是乡土文化，中华优秀传统文化的思想观念、人文精神和道德规范，植根于乡土社会，源自乡土文化。我国优秀传统农耕文明历史悠久、内涵丰富，一系列价值观念，如重农扬农、家庭为本、尊祖尚礼、邻里和睦、勤俭持家、以丰补歉等，都是传统人文精华；德业相劝、过失相规、出入相友、守望相助、患难相恤等，都是中华传统美德。儒家文化倡导的讲仁爱、重民本、守诚信、崇正义、尚和合、求大同，不仅维护了中国古代社会的良好秩序，在当今社会仍然具备强韧而持久的生命力。作为民俗文化代表的"二十四节气"，体现了中国人天人合一、顺天应时的理念。在中华优秀传统文化的形成和发展过程中，乡土文化不仅起到了"孕育者"的作用，还发挥着"守护者"的作用。近代以来，尽管中国乡土文化屡次遭受磨难，其文

---

①习近平：在哲学社会科学工作座谈会上的讲话（全文）［EB/OL］.（2016-05-17）. http://www.scio.gov.cn/31774/31783/Douvment/1478145.htm.

化精髓并没有丧失，而是深深植根于中国农村广袤的土地，并在新时期焕发出强大的生命力。乡土文化既是一方水土独特的精神创造和审美创造，又是人们乡土情感、亲和力和自豪感的凭借，更是永不过时的文化资源和文化资本。近年来，我国各地兴起"乡土文化热"，乡土文化成为一种时尚文化。春节庙会、清明祭祖、端午赛龙舟、重阳登高等传统民俗活动日渐兴起，展现了乡土文化旺盛顽强的生命力。乡村旅游大发展，传统村落成为人们争先前往的旅游地，一批文化底蕴深厚、充满地域特色的美丽乡村在全国各地不断涌现。因此，我们推动乡村文化振兴，必须把中国特色社会主义文化自信与乡土文化自信贯通，着力以乡土文化自信推进乡村文化振兴。

二、新时代乡村文化振兴的做法成效

（一）保护传承乡村优秀传统文化留住乡村文化底色

传承优秀传统文化是乡村文化振兴的内在要求，中华优秀传统文化是中华民族的突出优势，是我们最深厚的文化软实力。我们要在乡村文化振兴中发挥出中华优秀传统文化的巨大影响力。乡村承载着我国各地方独特的地域文化，保留了历史长河中留存下来的区域、民族、礼仪、节庆、建筑等，包含着中华民族五千年的优秀文明成果，蕴含着丰富文化内涵和重要文化价值。中华优秀传统文化内在地包含着优秀的乡村文化，对于这部分乡村文化不仅要继承和保护，更重要的是要激发它的活力和创造力，让农民真正了解自己的优秀乡村文化，并不断地吸收内化，提高对自己乡村文化的自信。用优秀的传统乡村文化塑造人，促进乡村文化振兴战略的顺利实施。在工业化、城镇化及外来文化和现代文化的冲击下，农耕文化和农耕传统呈现出"空心化"的趋势，我们在保护农耕文化遗产的同时，要重视农耕文化的价值和内涵。江苏省多年来致力于乡村文化建设，全省开展农村文化保护、传承和提升行动，加大对民间文艺和文化产品的扶持力度，打造平原地区、丘陵山区、沿海垦区等农村特色文化标识，涌现出一批先进典型。苏州市吴中区的"太湖亲水小村"东吴村，在四五年的时间里实现了从一穷二白到全国"乡村振兴明星村"的转变。2018年，东吴村挂牌成立"新时代乡村文明讲习所"，围绕党建文化、法治文化及忠孝文化，做好村民的整体教育，走出一条乡村文化振兴建设之路。苏州市昆山市多年来注重挖掘当地传统文化的优势，发挥昆曲效应、名人效应和美食效应，推进各村文化事业全面复兴。作为昆曲的发祥地，昆山巴城镇兴建昆曲文化公园和昆曲练习场所等，致力于发展旅游及餐饮产业，一跃成为昆山著名村镇。历史上昆山名人频出，"昆山三贤"顾炎武、朱柏庐、归有光，富商沈万三及现代的王安、陶一球等都出生于昆山。改革开放以后，周庄修复沈厅、张厅等明清建筑，旅游产业发展得风生水起，他们抓住良机乘势而上，利用轻巧的农船，组织中青年妇女作为"船娘"，摇橹唱山歌，开展水上游，成为周庄旅游产业的一道亮丽风景线。

全国其他省份也都纷纷出台相应文件，利用当地丰富的生态资源和深厚的文化底蕴，支持和保护农村地区优秀戏曲曲艺、少数民族文化、民间文化等非物质文化的传承与发展。乡村振兴战略持久的内生动力是文化，文化振兴是乡村振兴的重要组成部分。中华文化源远流长，在乡村里相当多的地方还保留了中华文化中最传统的形态。随着现代城市化进程的不断深入，目前乡村文化已经受到不同程度的损毁。我们通过文化振兴去修复和养护中华文化根基，以满足当代社会的文化需要，满足这个时代的人们对精神生活的需求。对于还保留着传统乡村文化的乡村，要保护并继承优秀乡村文化，立足乡村实践，让乡村文化具有时代性、先进性。

（二）加强文化基础设施建设搭建更多乡村文化平台

乡村文化振兴首先要在物质层面上具有足够的保障条件。全国乡村要从经济发展和人民物质文化生活需要出发，重视乡村文化基础设施建设，将其纳入乡村发展基础规划，加强文化基础设施投入，完善乡村文化服务建设。各个乡村将教育作为一项重要的、基础的民生工程，不断加大教育投入，加强乡村学校校舍、文体场所设施建设，切实提高乡村教育质量。加大对乡村文化遗产的保护力度，修缮、改造乡村古文化遗迹、古建筑物，不少地方已经建起了乡村文化博物馆、乡村文化展示馆等文化设施，加强乡村书屋、乡村文化广场、乡村文化活动室、视频放映场所的建设，许多乡村建起了综合性文化服务中心。积极推进乡村广播电视村村通、户户通，构建覆盖乡村的公共数字文化服务平台，保证现代信息在乡村的广泛传播。江苏省近年来大力加强农村公共文化建设，统筹城乡公共文化设施布局、服务提供、队伍建设和资金保障，推动公共文化资源向农村倾斜。实施农村公共文化服务阵地建设行动，按照有标准、有网络、有内容、有人才的要求，健全乡村公共文化服务体系，以村民学堂、道德讲堂、文化礼堂等阵地建设为重点，全面推进村级综合性文化服务中心建设，完善服务功能，提升管理水平。建立农村基本公共文化服务清单和功能配置标准，完善发展保障机制。加大政府购买公共文化服务力度，推进公共文化巡展巡讲巡演、送书下基层等流动服务，探索公共文化设施社会化运营试点，鼓励农民群众自办文化。加强基层文化资源整合，推进公共数字文化建设，实现县级图书馆、乡镇文化站、农家书屋资源共享。加大农村公共文化人才培养、培训力度，鼓励并支持乡土文化骨干、基层文化名人、优秀群众文化团队。浙江省早在2013年就建起了一批以"文化礼堂、精神家园"为主题，集学教、礼仪、娱乐于一体的综合性农村文化礼堂。文化礼堂以教育教化、乡风乡愁、礼仪礼节、家德家风和文化文艺为建设内容，构建具有"引导人、教育人、鼓舞人、激励人"作用的农村新型文化体系，取得了良好成效。2018年9月21日，浙江省建德市三都镇镇头村文化礼堂启用，这是浙江省建成的第一个万家农村文化礼堂。浙江省农村文化礼堂项目自2013年以来，已经连续6年列入该省民生实事项目。作为公共文化服务的载体，农村文化礼堂是丰富群众的精神文化生活、推进乡村文明建设的重要抓手。如今在浙江省，农村文化礼堂是村民最愿意去的地方。《中国文化报》调查显示，近八成浙江省网民为农村文化礼堂建设点赞。

（三）广泛开展群众性文化活动丰富群众精神文化生活

一个乡村不能没有自己的乡村文化，对于乡村文化缺失的乡村要重新振兴自己的乡村文化。乡村文化不仅是乡村的精神财富，也反映着乡村的精神面貌、良好风气。全国各地乡村通过开展丰富多彩的文化实践活动，让农民体会到乡村文化活动的多样性、趣味性、教育性，在各种文化活动中渗透乡村文化，使农民全面了解、深刻把握自己的乡村文化，并坚定自己乡村文化的自信，改变精神文化面貌。通过群众性文化活动更好地保护自己的乡村文化，并不断地丰富创新乡村文化，激发乡村文化的生命力。河南省作为中原文化大省，具有丰富的乡村文化建设经验，每个村几乎都有文化大舞台，是农村文化活动的集聚地，而且大部分的文化大舞台毗邻村委会，主要由村委会负责，定期安排文化活动。除了文化大舞台，还有文化活动广场、农村书屋、体育健身器材等配套设施。通过完善文化基础设施，开展丰富多彩的文化活动，丰富人们的文化生活；通过人民群众喜闻乐见的方式传递文化力量，讲述文化故事，了解中国特色社会主义先进文化，重振乡村优秀传统文化。广东省鼓励镇村基层组织和群众自编节目、自创形式，传承民间戏曲、民俗活动、民间音乐、传统手工艺等乡土文化，办好民间"村晚"、民俗文化、传统体育活动。近年来，广东省大力推动优质公共文化资源向欠发达地区和基层倾斜，持续加强粤东、粤西、粤北地区的公共文化设施建设；同时，举办"舞动南粤"——全省广场舞展演活动等公共文化活动，通过高品质、有吸引力的群众文化生活引领新风尚。江苏省苏州市张家港市永联村通过建设文化活动中心、永联戏楼等场所，成立舞蹈队、锣鼓队、折扇队、合唱队等团体，大力繁荣乡村文化。村里按每人每年1 000元标准设立"文明家庭奖"，把社会公德、家庭美德、计划生育、交通法规等方面要求制定成百分制考核条款，实施年度考核。建设爱心互助街，成立志愿者联合会、农民基金会等社会组织，大力弘扬和培育互助精神。近年来，黔东南苗族侗族自治州结合州情实际，探索出以"千村百节"活跃少数民族地区群众文化生活的方式推进乡村文化振兴，以"文化育民、文化惠民、文化富民、文化乐民"为创建目标，利用百姓大舞台、百村侗歌大赛、百村苗歌大赛、姊妹节、苗年、萨玛节等重大节庆赛事平台，积极推进乡村文化振兴，切实满足自治州农村群众欣赏文化、享受文化、参与文化、创造文化的服务需求，着力打造百姓精神家园。各地通过乡村文化实践，在生动活泼的活动中继承和发展优秀乡村文化，自觉用优秀乡村文化指导乡村文化实践活动。乡村通过各种形式的文化活动，不仅提高了本地的优秀乡村文化，还吸引了更多人来乡村休闲度假、体验生活，带动农村产业发展，获得经济利益，更好地投入乡村文化的建设和振兴中。

第三节 乡村生态振兴

一、新时代乡村生态振兴的基本内涵

（一）人与自然和谐共生的生态价值观

在传统的农业文明时代，科学技术落后，生产力水平较低，为了满足生存发展的需要，人们不得不通过滥采滥伐等破坏性开发，开垦更多耕地来扩大种植面积，增加农作物产量以满足日益增长的人口对自然资源的需求。这种为满足人类生存发展需要，而不顾及自然承载力的单向索取和需求必然加剧人类与自然的紧张关系，使人与自然的关系演变成为对抗的、不可持续的敌对关系，这是农耕文明和工业文明时代以人类为中心的生态价值观的集中体现。传统的"人类中心主义"价值观只强调作为价值主体的人类对作为价值客体的自然的无限索取，而否定自然生态应有的独特价值，这导致了人类在认识和改造自然中对自然资源肆无忌惮地开发利用和破坏而毫无保护意识。然而，价值作为表明主客体关系的范畴，它表明的是主体与客体之间的一种互益性关系，而不仅仅是客体满足主体的单向性需求。因此，"人要在与生态环境的关系中获得自己的价值，就必须承认生态环境的内在的和固有的价值。否则，主体就没有自己的价值可言"。马克思关于人与自然的唯物辩证法，为构建人与自然和谐共生的命运共同体发展理念奠定了基础。乡村生态振兴的丰富内涵在生态价值观上的表现，在于落实节约优先、保护优先、自然恢复为主的方针，统筹山水林田湖草系统治理，严守生态保护红线，以绿色发展引领乡村振兴，实现人与自然和谐共生的生态文明现代化。

（二）城乡生态命运共同体意识及其整体性思维方法

普遍系统论的创立者贝塔朗菲提出的生态学思维也被称为群体思维或有机体思维，其核心就是把有机体和环境作为一个系统整体来考虑，从而更加清晰地认识到系统特性，提出系统解决方案。包括乡村生态振兴在内的乡村振兴战略是中国共产党在新时代提出的对我国"三农"问题的系统性解决方案，强调的是在协调乡村与自然、乡村与城市的互动关系中对乡村整体发展进行提振。乡村生态振兴彰显了人类在认识城乡关系方面的生态命运共同体意识和系统性、整体性思维方法论的辩证统一。就城乡两大自然生态系统的内在逻辑关系而言，城乡生态环境是休戚与共、唇齿相依的命运共同体。广大农村优美的自然生态环境是城市生态系统赖以存在和发展的最后屏障。因此，在生态文明建设进程中，人类要转变发展理念，摒弃城乡发展中的零和博弈思维，探索构建城乡经济社会发展共存共荣、互利共赢的融合发展新路径。"生态兴则文明兴，生态衰则文明衰。"这是将生态环境置于决定文明存续与发展的基础地位。

对于乡村生态振兴来说，应将生态文明建设贯穿于乡村建设、乡村修复、乡村发展、乡村治理的各个方面。在加快农村经济社会发展进程中，农村不再重复城市工业化"先污染，后治理"的老路，而是在城乡一体化发展过程中强化环境保护优先原则，保护和建设人类赖以生存的生态系统，实现城乡社会、经济、环境的协调可持续发展，维护城乡生态公平正义，促进城乡生态文明的整体进步。

（三）绿色高质量可持续的乡村生态化产业

乡村生态振兴在产业业态上的集中表现，就是以尊重自然、顺应自然和保护自然为宗旨，实现乡村经济的绿色高质量可持续发展。《关于创新体制机制推进农业绿色发展的意见》提出，要建立以绿色生态为导向的制度体系，基本形成与资源环境承载力相匹配、与生产生活生态相协调的农业发展格局，努力实现耕地数量不减少、耕地质量不降低、地下水不超采，化肥、农药使用量零增长，秸秆、畜禽粪污、农膜全利用，实现农业可持续发展、农民生活更加富裕、乡村更加美丽宜居。具体来看，按照党的十九大报告提出的乡村振兴总体要求，乡村生态振兴就是要在乡村产业业态上追求生态效益的最佳化、经济效益的最大化和社会效益的最优化。在发展模式和业态上的创新，不同于过去单纯追求经济效益，乡村产业绿色发展要将经济效益、生态效益和社会效益三者统筹兼顾。比如，现在提出的把平面农业变成立体农业，把单一环节的农业变成循环农业，做到生产时间多序列、经营空间多层次，通过物质循环让能源尽可能长地被延伸利用，实现良好的循环发展。在发展层面上，乡村产业绿色发展要求通过优化乡村的种养结构、居住布局，扩展农业的多功能性，打造种养结合、生态循环、环境优美的田园生态系统，实现全链条、多层次、整体性的农业发展。在发展品位方面，乡村产业的生态化，其产品除了可食用的粮食、蔬菜、畜禽蛋等单一的农副产品，还开发出满足人们日益增长的对美好自然风光的需求，如休闲农业、康养农业、旅游农业等新型高品质产业形式。

二、新时代乡村生态振兴的实践探索与基本经验

新时代大力推进乡村生态振兴战略，建设生产发展、生活富裕、生态宜居的美丽新乡村，离不开科学规划、人才培养、产业升级、生态治理、资金、政策支持。近年来，我国许多地区在探索新农村建设、推进农村生态振兴战略、建设美丽乡村方面积累形成了一系列典型案例，总结出了很多富有成效的实践经验，为现实乡村生态振兴奠定了基础。这些实践经验包括：乡村生态振兴要充分发挥农村基层党组织的战斗堡垒作用，要实现乡村经济生态化与生态资源产业化的高质量发展，要重视乡村生态治理和加快推进美丽乡村建设，要实现自然生态与人文生态的有机融合，要培养具有现代生态文明理念的新型农民等，从政治保证、思想理念、完善策略、主体培育等方面推进新时代乡村生态振兴。

（一）充分发挥农村基层党组织的战斗堡垒作用，提供坚强有力的政治保障

纵观改革开放40多年来，在经济社会发展中探索出的实现经济振兴与生态振兴双赢的全国新农村的典范，我们不难发现一个基本规律：凡是乡村生态振兴战略实施比较顺利、美丽乡村建设卓有成效的农村都十分重视基层党组织建设，充分发挥基层党组织坚强有力的战斗堡垒作用，提升红色引领绿色发展的政治效能。以实施乡村振兴战略，建设美丽乡村取得巨大成功的长三角地区为例，改革开放40多年来，浙江、江苏等省市涌现出了众多经济社会发展与生态文明建设完美融合的美丽乡村建设典范。这些地区在发挥党建引领作用，推进乡村生态振兴和美丽乡村建设方面的基本经验如下。一是固本强基，强化基层党组织的领导力和执政能力。各地基层乡镇都把美丽乡

村建设作为党政"一把手"工程，坚持党政"一把手"亲自抓美丽乡村建设。二是在乡村基层干部考核中探索建立美丽乡村建设评价体系，把美丽乡村建设列入党政干部政绩综合考核、生态文明建设考核和社会主义新农村建设考核。三是以"千村示范、万村整治"建设工程为抓手，成立乡村工作协调（领导）小组，充分发挥综合协调和牵头作用，各级各相关部门都根据自身的职能，积极承担相应职责，保证了工作上统筹安排，步调一致地推进乡村振兴战略。江苏省苏州市吴中区金庭镇秉常村是太湖之滨一个普通的乡村，在村党支部的坚强领导下走出了一条纯农业村的乡村振兴之路，进而走上农业农村现代化的新征程。该村基层党组织和党员群众干事创业热情高、从容发展步态稳，村党组织的组织力在引领村经济社会发展实践中得到切实加强，党内政治生态和村庄环境生态得到协调优化，全村呈现出朝着"经济强、百姓富、环境美、社会文明程度高"目标高质量发展的势头。农村基层党组织强，则基层治理强。作为江苏省苏州市太湖之滨另一个美丽乡村的典范，吴中区临湖镇东吴村是一个"世外桃源"式的美丽乡村，该村以党建引领绿色发展，党的建设在村发展进程中发挥了至关重要的作用。村党委以党建引领乡村治理，通过法治、德治和自治相结合的方式提升基层自治水平，打造"东吴春风，服务先锋"的特色党建品牌。作为东吴村的引航者，村党委与苏州大学马克思主义学院共建教学研究实践基地，以马克思主义学科为支撑，在实践探索中密切联系群众，把党的"战斗堡垒前哨"设在村民家中，推动党建工作很好地融入群众中，为持续打造"世外桃源"式的美丽乡村提供了强有力的组织保障。

（二）遵循绿色发展理念促进产业转型升级，实现乡村经济生态化与生态资源产业化的高质量发展

长期以来，我国很多地方农业发展仍然沿袭粗放型增长方式，不仅不利于乡村农业的高质量可持续发展，也给乡村生态环境带来了重大污染和破坏，加剧了乡村生态治理压力。推动乡村生态振兴，就是要以绿色发展为引领，严守生态保护红线，推进农业农村绿色发展，加快农村人居环境整治，让良好生态成为乡村振兴的支撑点，打造农民安居乐业的美丽家园。许多乡村由于工业化程度不高，没有遭受传统工业的严重污染，山清水秀，物产丰富，自然生态环境资源优越。在乡村生态振兴战略推进过程中，全面贯彻落实"两山"理念，如何将乡村的绿水青山等生态资源转化成金山银山对推动乡村经济绿色发展具有重要的意义。以美丽乡村建设的典范浙江省为例，浙江省着眼于人与自然和谐相处，注重加强生态环境保护，大力发展生态经济，加快转变农村经济发展方式，以生态经济化努力打造农村宜居宜业宜游的良好发展环境。

一是积极发展农村生态经济，持续促进农民创业增收。各地大力发展高效生态农业，按照经济生态化、生产园区化、产品标准化的要求，以粮食功能区和现代农业园区建设为抓手，促进土地规模经营和无公害、绿色、有机农产品基地建设，推进农业科技进步和农作制度创新，提高农业规模化、标准化、产业化、科技化、生态化水平，努力持续促进农民创业增收，不断提升农村富裕程度。近年来，革命老区江西省瑞金市充分利用区域生态资源，大力发展油茶产业，全市油茶达10万亩（1万亩=6.67平方千米）以上，油茶成为该市重要的致富产业和扶贫项目，并涌现出了绿野轩等省级龙头企业，在油茶种植加工的科技研发方面屡获突破，取得了国际领先水平。瑞金市在生态振兴中发展油茶产业不仅美化了农村环境，而且增加了农民收入，把农村装扮得更有特色。这里不仅成为本地人留恋的热土，也成为城里人向往的境地，为乡村游发展增添了浓厚的色彩。二是积极发展乡村生态工业，努力提升农产品精、深加工水平，拉长产业链，打造一批知名品牌，提高农产品的附加值，全省农业效益大幅提高，农民人均收入来自农业的份额逐年提升。三是大力发展以"农家乐"为主题的乡村休闲旅游观光产业，把乡村生态转化为农民收入。各地积极顺应城市消费方式转型的趋势，把发展生态旅游业作为推进美丽乡村建设的重要内容，大力发展农家乐休闲旅游业，努力把"农家乐"休闲旅游业培育成为增加农民收入、改善农村生态的大产业。四是积极搭建农民创业就业平台，不断开拓农民增收渠道途径。许多乡村因地制宜，结合宅基地整理和危旧房改造，大力推进农民创业就业平台建设和乡镇工业功能区建设，促进来料加工业、家庭工业、社区服务业加快发展和乡镇企业转型升级，让更多农民就地就近实现创业就业、增收致富。一些地方还结合城镇化建设，充分利用乡村闲置的宅基地整理复垦带来的机遇，发展庭院经济、集体物业经济和乡村合作经济，搞活集体山林等农业资产经营，不断增强村集体经济实力，为美丽乡村建设提供强大支撑。

　　近年来，浙江省安吉县余村作为全国闻名的美丽乡村建设的典范，成功地探索出了一条通过贯彻落实绿色发展理念，优化农村产业结构，实现经济与生态高质量发展之路。余村作为"两山"理念的诞生地和践行样板地，以"两山"理念为引领，构建绿色发展新格局，打通"两山"转化新通道，培育"美丽细胞"，建构乡村生态文化体系，形成了著名的"余村经验"，为全国践行"两山"理念、推进美丽乡村建设提供了实践参照。一是整合村内外优质资源，实施"村企结对""乡贤帮村""校地合作"工程，引入市场机制、高端人才、先进技术等要素，推进供给侧结构性改革，建立以股权为联系纽带的经营综合体，打造智慧农业、"生态+"工业，培育中高端生态旅游品牌。二是充分利用现代信息技术管理农业生产，将小农户与大市场进行精准对接，强化农产品电子商务平台的建设。三是在推进乡村生态振兴与绿色农业发展中不断提高科技创新度、产业发展的融合度和贡献度，推进协调发展，推动农业生产从粗放型向精细型转变、从不可持续向可持续转变、从偏重数量向提升质量转变，构建支撑农业农村绿色发展的科技创新体系，为质量兴农、绿色兴农提供技术保障，实现农业农村绿色发展。四是重视乡村生态环境中绿色生产力的现实转化，实现由传统的农家乐、民宿等单一模式走向乡村度假、乡村生活模式，凝心聚力开发中高档乡村生态文化产品，提升乡村旅游品牌竞争力，提升村级集体经济造血功能和村民发家致富的经济发展能力。从"两山"理念与中国农村发展的内在关联及其实践诠释来看，余村实践及其经验具有典型意义。无论是从其作为"两山"理念诞生地的历史意义来看，还是从其在"两山"理念引领下取得中国美丽乡村精品示范村、全国民主法治示范村等发展的现实成效来看，都显示了践行"两山"理念是当代中国乡村发展的必然选择，是新时代深化美丽乡村建设、实施乡村生态振兴战略的重要价值引领和建设样板。

（三）重视乡村生态治理，加快推进美丽乡村建设

　　良好的乡村生态环境是实施乡村振兴战略的关键，是乡村发展的最大优势和宝贵财富，是乡村振兴战略的总体要求和任务目标中的关键。追求乡村良好生态环境的前提是系统修复当前乡村的生态系统。我国乡村分布广，生态环境多样化与环境问题复杂化交织，除了传统的荒漠化、盐碱化、水土流失等问题，近年来的生产生活高污染化也日趋严重，乡村生态治理面临巨大的挑战与压力。乡村生态振兴的重要着力点在于以美丽乡村建设为契机，加大乡村生态环境整治力度，打赢乡村环境污染治理攻坚战，实现乡村百姓生活富裕与生态宜居的和谐统一。乡村振兴战略的基本原则要求坚持人与自然的和谐共生。党的十八大以来，我国有关生态文明建设的制度日趋完善，全国各地推出的河长制和湖长制等一系列制度对乡村生态环境保护起到了重要的促进作用。乡村振兴需要环境先行，应当按照山水林田湖草系统治理的思想修复乡村生态系统。当前乡村生态环境修复难度很大，不能按照"头疼医头，脚疼医脚"的方法来局部、片面地开展修复，而是应当采取更加全面、更加动态的措施，加快乡村生态治理与环境保护。

第一，坚持城乡一体化生态治理，以系统性思维统筹乡村山水林田湖草的生态修复与治理工程。乡村生态治理要树立系统思维，要把山水林田湖草作为一个生命共同体，进行统一保护、统一修复。实施重要生态系统保护和修复工程。健全耕地草原森林河流湖泊休养生息制度，分类有序退出超载的边际产能。扩大耕地轮作休耕制度试点。科学划定江河湖海限捕、禁捕区域，健全水生生态保护修复制度。实行水资源消耗总量和强度双控行动。开展河湖水系连通和农村河塘清淤整治工作，全面推行河长制、湖长制。加大农业水价综合改革工作力度。开展国土绿化行动，推进荒漠化、石漠化、水土流失综合治理。强化湿地保护和恢复，继续开展退耕还湿。完善天然林保护制度，把所有天然林都纳入保护范围。扩大退耕还林还草、退牧还草范围，建立成果巩固长效机制。近年来，江苏省苏州市在大力推进乡村振兴战略、建设美丽乡村的实践探索过程中，发挥政府在城乡生态治理中的主体作用，统筹兼顾，通过构建城乡一体化的生态环境治理体系，保障农村居民平等公正享有生态权益，为实现"经济发展、生态良好、生活富裕"美丽苏州生态梦奠定了良好的生态基础。农村生态环境问题涉及面广，包括如水、土壤、农村居民生活垃圾、农民生产生活方式等，需要政府统筹规划，科学指导，有序推进。苏州遵循城乡历史发展规律，始终把城市和乡村作为一个整体，通盘考虑、统筹谋划、一体设计，打破传统产业规划、城镇规划、土地利用规划和环境保护规划相互分割的局限，实现"四规融合"。一是按照主体功能区的不同，统筹规划工业与农业、城镇与农村的空间布局，实现城乡规划一体化。为了实现农村生态治理的集约化、规范化、整体化目标，"苏州将全市现存的14 253个村庄规划调整为3 358个保留村（重点村、特色村）和10 859个一般村，并完成了1 268个重点村、295个特色村村庄规划编制。同时，苏州以美丽乡村建设为抓手，推进示范村镇、特色乡村战略，打造生态宜居美丽新农村。截至2016年年底，累计建成16个美丽示范镇、100个美丽村庄示范点、690个三星级康居乡村，建成各类农业休闲观光基地（点）1 065家。"经过长期综合整治，一幅幅活力、富足、宜居和美丽的苏式水乡与"繁华都市"生态蓝图交相辉映。二是坚持政府主导划出耕地保护、开发强度、生态保护等生态红线；统一规划布局大市范围内重大基础设施、重大产业和重大社会发展项目，科学确定村庄的"拆、建、留"，切实保护好古镇古村、古迹古韵、田园风光、鱼米之乡等特有资源，彰显江南水乡的独特风貌。

第二，构建城乡公平公正的生态补偿机制。生态补偿机制是指政府调控的由生态受益方给予生态保护付出方一定经济或社会补偿的政策机制。生态补偿机制是当代政府为应对生态危机和环境污染问题而提出的一种公共政策工具，目的是鼓励经济主体与社会成员积极保护生态环境，实现区域经济、社会和环境的可持续发展。从生态保护区域分布来看，包括饮用水水源保护区、生态湿地等重要生态功能区大多分布在农村居民生活和生产的核心区域，势必对农村居民的经济利益、生活状况等带来较大影响。政府需要通过立法明确权责与义务对等的生态补偿，加大财政支持力度以维护生态公平公正，调动农民生态保护和治理的积极性、主动性。江苏省苏州市率先在全国提出生态补偿，并于2010年7月出台全国首部生态补偿的地方性法规《关于建立生态补偿机制的意见（试行）》，明确提出要让生态环境的守护者通过生态补偿机制获取相应的经济补偿，对基本农田、县级以上集中式饮用水水源地保护区范围内的行政村、太湖和阳澄湖及各市、区确定的其他重点湖泊的水面所在的行政村等，给予补偿。2014年10月，苏州市出台施行《苏州市生态补偿条例》，在生态补偿机制的法律化、规范化、制度化建设方面起到示范、引领、推动作用。2015年8月，苏州市施行《苏州市生态补偿条例实施细则》，这不但保护了苏州的生态环境，而且对全国范围的生态保护有积极的示范作用。苏州市相城区望亭镇迎湖村，数年前一些"散乱污"小企业、小作坊占据村里，生态保护工作受到很大困扰。自从实行生态补偿以来，迎湖村每年获得生态补偿资金都在200万元以上，村里用这些钱来整治环境、修复生态，使其逐渐绿化成荫，四季有花。清洁的环境，散发着浓厚的乡土风情。迎湖村通过苏州美丽乡村健康行、稻香音乐节大型活动，日均接待游客5 000余人。2017年，村级稳定性收入为2 022万元。受益于生态补偿的村，仅苏州市各区就有生态湿地村165个、水源地村64个。同时，每年还有103.88万亩水稻田、29.24万亩生态公益林、8.97万亩风景名胜区得到了补偿。可以说，生态补偿既保住了绿水青山，又换来了金山银山。

第三，在乡村经济发展与乡村生态振兴之间勇于取舍，做好乡村经济发展与生态治理的加减辩证法。乡村发展既要金山银山，更要绿水青山。然而，在片面追求经济增长速度和GDP总量的思维惯性支配下，为了短期的经济利益和财富积累，许多村民和基层干部在经济增长与环境保护之间徘徊不前，难以作出取舍，以至于贻误了农村生态治理时机，待农村生态矛盾不断激化，影响农村经济社会可持续发展时，则陷入巨大压力和被动局面。江苏省苏州市相城区经过大胆探索，闯出了一条运用"加减法"使环境保护和经济发展相辅相成、相得益彰的乡村生态振兴之路。相城区在破解环境整治和经济发展的矛盾时，做好"加减法"——在腾退旧动能、破解无效供给上做"减法"；在培育新动能、壮大新兴产业上做"加法"。自2017年以来，累计淘汰重污染企业1 083家，关停比例超过86%，两年时间累计淘汰、整治"散乱污"企业（作坊）11 300家。相城区在这片生态宝地上重构现代产业体系，近两年相城区集聚大数据企业358家、工业互联网企业69家；入驻科技金融基金121只、总规模超1 100亿元。相城区在生态方面得到很大改善的同时，经济发展并未落后，2018年一般预算收入增幅达20.6%。通过将生态治理充分融入服务经济发展大局，破立并举，相城区初步构建起了以新兴产业为引领的环境友好型产业体系。2018年，相城区空气质量优良天数比例达74.4%，提高了9.7个百分点。生态治理进一步释放了发展空间，经济高质量发展迈出坚实步伐。相城区乡村生态治理案例告诉我们，乡村加减法做好了，生态问题才能解决，转型升级才有空间，高质量发展才能甩掉旧包袱、蓄积新动能。乡村高质量发展的关键是经济增长从"量变"转到"质变"，不能再走以牺牲环境为代价的老路。只有果断"舍"，才能更好"得"，才能走出一条乡村高质量发展之路。

第四节 乡村治理

中国特色社会主义进入新时代，这是乡村治理新的历史方位。乡村治理是乡村振兴的重要内容，加强和改进乡村治理、提升新时代乡村治理的质量，需要深刻把握新时代乡村治理的内涵与特征，全面理解新时代乡村治理的重要意义与重要作用。目前，我国一些地区的乡村围绕新时代乡村治理的新要求开展了广泛深入的实践，有力推动了新时代乡村治理的整体进程。为完成乡村治理阶段性目标、更好造福乡村居民、实现乡村居民自由全面发展，需要在系统梳理和全面总结新时代乡村治理经验的基础上，进一步探寻乡村治理规律，通过推动乡村振兴和乡村治理现代化，为国家治理现代化并实现中华民族伟大复兴的中国梦奠定坚实基础。

一、新时代乡村治理的内涵与特征

乡村是国家重要的基层单元，乡村治理是国家治理的重要组成部分。推进新时代乡村治理，需要与时俱进地把握新时代乡村治理的内涵，掌握新时代乡村治理的特征，为推进新时代乡村治理奠定坚实的理论基础。

（一）乡村治理的内涵

乡村治理是乡村主体与治理实践的有机统一体，它不是二者的简单罗列或叠加。"一门科学提出的每一种新见解，都包含着这门科学的术语的革命。"研究乡村治理首先离不开对治理理论的探讨。治理理论是近年来逐渐兴起，并被广泛应用到各领域的一种理论学说，为乡村治理提供了重要的理论指导。

1. 治理的内涵

"治理"一词在我国典籍中早已出现过。《荀子·君道》中有这样的话："明分职，序事业，材技官能，莫不治理，则公道达而私门塞矣，公义明而私事息矣。"《汉书·赵广汉传》中亦有云："壹切治理，威名远闻。"党的十八届三中全会首次提出了"全面深化改革的总目标是完善和发展中国特色社会主义制度，推进国家治理体系和治理能力现代化"的全新命题。但究竟何为治理、治理的内涵有哪些等仍有拓展空间。1992年世界银行的年度报告《治理与发展》，1996年经济合作与发展组织的报告《促进参与式发展和善治的项目评估》，1996年联合国开发计划署的年度报告《人类可持续发展的治理、管理的发展和治理的分工》，1997年联合国教科文组织文件《治理与联合国教科文组织》等都涉及"治理"这个概念。与此同时，专家学者的深入研究进一步丰富和发展了"治理"理论，代表人物有鲍勃·杰索普、詹姆斯·罗西瑙、罗伯特·罗茨、格里·斯托克、皮埃尔·戈丹等。但是，"在关于治理的各种定义中，全球治理委员会的定义具有很大的代表性和权威性"。他们认为的治理概念是："治理是各种公共的或私人的个人和机构管理其共同事务的诸多方式的总和。它是使相互冲突的或不同的利益得以调和并且采取联合行动的持续的过程。这既包括有权迫使人们服从的正式制度和规则，也包括各种人们同意或认为符合其利益的非正式的制度安排。它有四个特征：治理不是一整套规则，也不是一种活动，而是一个过程；治理过程的基础不是控制，而是协调；治理既涉及公共部门，也包括私人部门；治理不是一种正式的制度，而是持续的互动。"由此可见，治理与传统意义上的统治是有一定区别的。那么治理的定义究竟是什么呢?在这里，笔者采纳了俞可平教授的研究成果，即"治理一词的基本含义是指官方的或民间公共管理者在一个既定的范围内运用公共权威维持秩序，满足公众的需要。治理的目的是在各种不同的制度关系中运用权力去引导、控制和规范公民的各种活动，以最大限度地增进公共利益。所以，治理是一种公共管理活动和公共管理过程，它包括必要的公共权威、管理规则、治理机制和治理方式"。

2. 乡村治理的内涵

乡村很早就出现了。费孝通先生曾以"差序格局"描绘中国乡村社会的整体面貌。在中华人民共和国成立初期的有关规定中，乡村是相对于城镇而言的。国务院1955年《关于城乡划分标准的规定》确定：一、凡符合下列标准之一的地区，都是城镇。甲，设置市人民委员会的地区和县（旗）以上人民委员会所在地（游牧区流动的行政领导机关除外）；乙，常住人口有2 000人以上，居民50%以上是非农业人口的居民区。……三、上列城镇和城镇型居民区以外的地区列为乡村。张小林在《乡村概念辨析》一文中对这一概念从职业、生态、社会文化等多维度进行了阐释，并认为"它是复杂而又模糊的概念"。

"乡村治理"作为一个概念提出的时间并不算长。"1998年自'乡村治理'概念提出，开启了国内'乡村治理'问题的研究。"目前，关于乡村治理内涵已经有了丰富的研究成果，但尚未形成统一认识。比如，贺雪峰认为，乡村治理是一种乡村社会的管理模式，或者说是村民如何实现自主管理，实现乡村社会的有序发展；党国英认为，乡村治理是指以乡村政府为基础的国家机构和乡村其他权威机构给乡村社会提供公共品的活动；郭正林认为，乡村治理是一种组织活动，是各种组织包括乡镇党委、村民委员会、七站八所等共同作用于乡村社会，从而管理好乡村社会的一种活动……笔者采用贺雪峰教授关于"乡村治理"的定义，这个词"一是强调地方自主性，一是强调解决农村社会发展中存在问题的能力"。

（二）新时代乡村治理的特征

新时代乡村治理是新时代中国特色社会治理体系的重要组成部分，具有鲜明的人民性、发展性、多元性和差异性等基本特征，展现了新时代中国乡村治理的多样性和丰富性。

1. 人民性

为了谁、依靠谁是新时代乡村治理必须作出回答的首要课题，也是检验乡村治理成效的根本价值尺度。"理解乡村治理的样态和基层政治运作的性质，需要认识被治理者与治理者的政治属性"，需要把握正确的价值导向和政治属性。中华人民共和国成立以来，党和国家高度重视乡村治理工作。中国特色社会主义进入新时代，党中央作出了乡村振兴重大战略部署，这对新时代乡村治理提出了更高要求。从梳理中国乡村治理实践特别是新时代乡村治理实践可以发现，中国特色社会主义乡村治理始终坚持以人民为中心的治理思想，把维护好、发展好、实现好最广大乡村居民的根本利益作为乡村治理的出发点和落脚点，进一步保障乡村居民在乡村治理中的主体地位，依靠人民开展治理，广泛汲取和吸收乡村居民治理智慧，为了人民开展治理，切实把全心全意为人民服务贯彻到乡村治理全过程各方面，具有鲜明的人民性。

2. 发展性

新时代乡村治理是党中央把马克思主义治理理论、马克思主义城乡发展理论等与中国特色社会主义乡村发展实践紧密结合形成的具有中国风格、中国气派的社会主义国家基层治理战略。它既是对世界范围内乡村治理经验的有益借鉴，也是对中国历史上本土乡村治理经验的合理吸收，还是对中华人民共和国成立以来党领导下的乡村治理经验的继承和发展。新时代乡村治理既要回溯历史，又要立足当下，更要着眼未来，是传承基础上的创新、创新基础上的发展，体现了创造性转化、创新性发展的治理品格，体现着守正创新的责任担当。

3. 多元性

新时代乡村治理是马克思主义治理理论与乡村作为主体有机结合形成的独特治理视域。在马克思主义治理理论指导下形成的治理实践体现了治理的基本理念：多元参与。这就意味着在整个乡村治理主体体系中，不能也不应仅仅只有一个主体，而应当是多元主体参与。从当前乡村治理实践来看，乡村治理的主体主要有基层党组织、村民自治组织和村务监督组织、集体经济组织和农民合作组织及其他经济社会组织。这些主体根据相应主体运行规则，围绕乡村治理现代化和乡村振兴总目标，在实践中发挥各自的功能和作用，并相互支持配合，形成良好的支持与合作关系。但是，乡村治理主体的多元化并不意味着各主体之间在政治地位上、法律地位上是相同的，并不意味着它们相互之间可以取代、替换。实际上，在整个治理主体架构中，基层党组织是起到领导核心作用的，对其他治理主体进行政治领导、组织领导、思想领导等全面领导，保证乡村治理的社会主义方向。其他治理主体都要自觉接受党的领导，把党的领导贯穿主体运行、职能履行、作用发挥等全部过程，在坚持党的领导下，充分发挥自身优势，共同服务于乡村治理的现代化和乡村振兴。

4.差异性

当前，我国社会主要矛盾已经发生了变化，但是，我国仍处于并将长期处于社会主义初级阶段的基本国情没有变，我国作为最大的发展中国家的国际地位没有变。这两个"没有变"实际上精准指出了新时代乡村治理的另一个重要特征：乡村治理的差异性。这种差异性不仅表现在宏观层面的中东西部地区（或发达地区、欠发达地区）的乡村本身及由此产生的治理差异，而且表现在同一地区的乡村内部构成要素差异导致的乡村本身及由此产生的治理差异上。这种差异是客观存在的，就时间分段而言，乡村治理存在年度差异；就每年度而言，各年度的全国农村人口数量及其内部的贫困人口数量也存在差异。任何试图否认这种差异、搞一刀切的治理模式都是不科学、不可取的，必将带来严重后果。新时代乡村治理既要看到乡村本身的差异性，又要看到由乡村本身差异所带来的治理差异性，需要因地制宜、因村而治、因乡而新，探索各具特色的新时代乡村治理之路。

二、新时代乡村治理的重要意义与重要作用

新时代要求乡村新治理。党的十八大以来，党中央就推进新时代乡村治理作出了重大战略部署，为提高乡村治理的质量、推动乡村治理现代化、实现乡村振兴指明了正确方向。当前，应在深刻理解新时代乡村治理的重要意义、全面把握新时代乡村治理的重要作用的基础上，增强推动乡村治理的理论自觉、实践自觉。

（一）新时代乡村治理的重要意义

新时代乡村治理意义重大，它是实施乡村振兴战略的基本要求，是满足人民美好生活需要的重要抓手，是推进国家治理现代化的重要动力，是贡献全球乡村治理文明的重要内容。

1. 实施乡村振兴战略的基本要求

对标我国现阶段乡村振兴战略的目标，我们还有很大提升空间。完成"制度框架和政策体系基本形成"等乡村振兴战略的目标任务，重点在构建科学完善的乡村治理体系，以乡村治理体系和治理能力现代化促进乡村振兴。乡村振兴要求乡村治理现代化，乡村治理现代化保障乡村振兴。要把加强和改进乡村治理、推动乡村治理现代化作为实施乡村振兴战略的基本要求，理顺基层党组织、村民自治组织和村务监督组织、集体经济组织和农民合作组织及其他经济社会组织等在整个乡村治理体系中的地位，进一步构建、规范和完善各级组织运行与活动的制度体系，贯彻乡村治理权的运作规则，确保乡村振兴有制可循，推动乡村振兴的制度化、规范化、现代化。

2. 满足人民美好生活需要的重要抓手

我国社会主要矛盾的转化对国家发展全局产生了重大而深刻的影响，从乡村治理角度来看，这意味着生活在乡村的人民群众已经不再单纯满足于物质文化这种需求，而是渴望获得更高层次、更丰富内涵、更高品质的生活需要，"期盼有更好的教育、更稳定的工作、更满意的收入、更可靠的社会保障、更高水平的医疗卫生服务、更舒适的居住条件、更优美的环境、更丰富的精神文化生活"，"不仅对物质文化生活提出了更高要求，而且在民主、法治、公平、正义、安全、环境等方面的要求日益增长"。这既规定了乡村治理的现实背景，又指明了乡村治理的价值追求。新时代乡村治理是以人民为中心的治理，归根到底就是要服务于人民群众。这与满足人民美好生活需要的根本立场和价值诉求在本质上是一致的。新时代乡村治理通过治理体系和治理能力现代化，逐步实现"保障和改善农村民生、促进农村和谐稳定"这一根本目的，最终将为实现和满足人民美好生活需要提供坚实支撑。

3. 推进国家治理现代化的重要动力

党的十八届三中全会规定了全面深化改革的总目标是完善和发展中国特色社会主义制度，推进国家治理体系和治理能力现代化。乡村治理现代化是国家治理现代化的关键工程，为国家治理现代化奠定了重要的治理体系和治理能力基础，提供了广泛的治理资源支撑。研究中外治理实践，我们可以得出结论：没有乡村治理现代化就很难有国家治理现代化。"村社治理结构本质上体现的是国家治理逻辑而不是乡村自治逻辑。"当前，我国国家治理已经进入新时代，国家层面的经济治理、政治治理、文化治理、社会治理、生态文明治理等面临新的机遇和挑战，国家治理能力还存在不平衡不协调等突出问题。解决这些问题，既需要从国家层面加强顶层设计，强化战略引导，也需要立足基层，从乡村治理中寻找新的治理增长极。乡村治理作为基层治理的一个单元，虽然在体量上难以与国家治理相提并论，但是"麻雀虽小、五脏俱全""治大国如烹小鲜"。对乡村层级的治理实践的深刻总结与科学研究，不仅有助于寻找到当代中国国家治理的一般规律，而且有利于为破解国家治理难题提供乡村治理经验，同时还能够推动以乡村治理现代化驱动国家治理现代化，以基层治理现代化撬动整个中、上层治理现代化，最终加快建成富强民主文明和谐美丽的社会主义现代化强国和实现乡村全面振兴的奋斗目标。

（二）新时代乡村治理的重要作用

乡村治理是乡村振兴的中间环节。没有有效的乡村治理，很难实现乡村全面振兴。新时代乡村治理对乡村居民、乡村自身建设、乡村与其他层级主体关系处理等具有重要作用。

1. 促进乡村居民的全面发展

人是乡村治理的主体，也是乡村治理的目的。人构成了乡村治理的出发点和落脚点。"全部人类历史的第一个前提无疑是有生命的个体的存在"，但是这样的人不是抽象的人，而是现实的人。作为现实的人，最终目标就是要实现自身自由而全面的发展。新时代乡村治理尊重乡村居民的主人翁地位，紧紧依靠乡村居民的广泛参与，最大限度地汇聚乡村居民能量，最终要将乡村治理成果体现到促进乡村居民的自由全面发展上来。从现阶段实现乡村居民自由全面发展的价值追求来看，关键在满足乡村居民对美好生活的需要。通过乡村治理，进一步优化乡村公共服务供给、拓展居民参与基层治理平台，引导居民依法依规参与村级工作事务，健全乡村议事协商形式、发展社会主义协商民主，在参与阳光治理实践中提高政治能力、法治能力和政治社会化程度，用社会主义核心价值观引领乡风文明、增强道德浸润力，持续提高村民自我管理、自我教育、自我服务能力，最终为实现乡村居民的全面发展奠定坚实保障。

2. 激发乡村发展活力

乡村发展需要有强大的动力源。治理不仅为乡村发展提供了一种独特方式或模式，而且为乡村发展提供了强劲动力，推动乡村发展并最终实现乡村振兴。乡村治理为乡村发展提供了价值引领。中国特色社会主义乡村治理是以人民为中心的治理，始终将人民利益放在最高位置，人民至上原则为乡村发展提供了根本的价值支撑。乡村治理为乡村发展提供多元主体能量汇聚的平台支持。治理的基本特征是多元参与。中国特色社会主义乡村治理在坚持党对乡村治理领导的原则前提下，尊重和保障村民自治组织、村务监督组织、集体经济组织和农民合作组织及其他经济社会组织等通过法定程序参与到乡村治理体系中来，并严格依照宪法和法律、规章和制度等推动各类组织在乡村治理平台上充分发挥各自优势，最大限度地整合和汇聚各方资源，做大做强乡村治理的制度平台。乡村治理为乡村发展提供了动力保障。中国特色社会主义乡村治理有助于推动改革不适应生产力发展要求的乡村治理的体制机制，实现乡村治理资源的结构优化和重组，消除发展"中阻梗"，畅通治理渠道，提高治理效能，形成强大治理合力……在价值引领、平台支持、动力保障等的综合作用下，将会进一步促使乡村发展的各级各类的宏观主体、中观主体和微观主体更加紧密联系，进一步彰显各层级的主体优势，从而更好地激发乡村发展强大活力，增强乡村发展持久生命力。

3. 促进城乡融合发展

研究和推进乡村治理需要跳出乡村看乡村，需要立足乡村又要超越乡村，需要正确处理乡村与其他主体的关系。"农村社会不仅拥有中国社会的基本形态和特征，也对社会变迁过程产生了显著影响。"在这种复杂关系中，首先就是要正确处理乡村与城市的关系，"在现代化进程中，如何处理好工农关系、城乡关系，在一定程度上决定着现代化的成败"。中国城乡关系的发展经历了复杂的调整和适应过程。实现城乡融合发展意味着中国特色社会主义工农、城乡关系发展进入了新的阶段。新时代乡村治理从构建和谐城乡关系角度来看，有助于加快推进城乡融合发展，实现乡村振兴与城市振兴的"双振兴"。一方面，乡村治理引导城市资源向农村合理转移和倾斜。

受历史条件等综合因素影响，我国乡村发展与城市发展相比长期存在差距，城乡发展不平衡已经成为突出问题。英国学者埃比尼泽·霍华德指出："城市和乡村都各有其优点和相应缺点，而城市—乡村则避免了二者的缺点。"解决这个问题关键在如何将城市发展的成果惠及乡村发展。在共享发展理念的指引下，要进一步推进城乡公共服务均衡化，特别是教育、医疗、就业、社保基本公共服务等必须加大力度向乡村倾斜，做实工业反哺农业、城市支持农村的基本要求。另一方面，乡村治理要求城乡协同振兴。乡村治理事关乡村振兴。新时代乡村治理不断地往前推进意味着乡村振兴也在不断向前发展。如果说，城乡一体化发展更多强调的是城市带领乡村发展，城市比乡村具有更大的发展优势、比较优势，那么城乡融合发展更多强调的是城市与乡村的互相支持型发展，是"1+1>2"的协同发展。城市比较优势和乡村比较优势应统一于中国国家现代化建设实践，由国家从更高层面进行统筹配置，"应该通过振兴乡村，开启城乡融合发展和现代化建设新局面"，最终形成乡村与城市在更高层次上的融合发展。

第五章　乡村振兴与乡村治理策略

第一节　发展壮大乡村产业

一、稳定发展乡村农业

农业是乡村的主体产业，是乡村基础价值的体现。按照农业供给侧结构性改革要求，在确保国家粮食安全的基础上，紧紧围绕市场需求变化，以提高农产品供给质量为主攻方向，优化产业产品结构，统筹调整粮经饲种植结构，发展规模高效种养业，做大做强特色优势产业，优化区域布局，全面提升质量安全水平。

（一）粮食业

粮食产业是稳民心安天下的基础性战略性产业。稳定粮食生产、发展粮食产业，提高粮食供给质量、确保粮食安全，是构建乡村产业体系的基础和基本任务。

稳定提高生产能力。深入实施藏粮于地、藏粮于技战略，落实最严格的耕地保护制度。划定粮食生产功能区，做好所有地块建档立册、上图入库，实行信息化精准管理，推行功能区内经营用地承诺制。实施好标准农田质量提升和粮食生产功能区提标改造，努力改善农田质量条件，提升地力。

优化生产结构。稳定水稻、小麦生产，确保口粮绝对安全，重点发展优质稻米、强筋弱筋小麦，调减非优势区籽粒玉米，增加优质食用大豆、薯类、杂粮杂豆等。大力推进良种制（繁）种及基地建设，充分调动农民生产水稻、小麦良种的积极性，稳定水稻、小麦生产种源，扩大良种覆盖面。

扩大先进科技应用。推进统一育插秧、病虫害专业化统防统治、测土配方施肥等适用技术推广，推广应用粮经结合、水旱轮作、农牧结合等高效农作制度和生态种养模式。推进粮食生产领域全程机械化，深化农艺农机融合。组织粮食作物高产创建、示范创建，发挥好示范创建引领作用。

创新规模经营机制。推进粮食生产功能区内连片集中流转土地，培育种粮大户、家庭农场、农民专业合作社（联合社）和社会化服务组织等新型主体，发展多种形式的粮食适度规模经营、全程机械化作业和社会化服务。实行储备粮生产订单计划，开展省际、产销区间、产粮用粮主体间合作，构建粮食全产业链，形成粮食开放合作新格局。

（二）畜牧业

畜牧业发展事关食品有效供给、农业生态循环、农民持续增收。要按照生态优先、供给安全、结构优化、强牧富民的思路，稳定生猪生产，优化南方水网地区生猪养殖布局，引导产能向环境容量大的地方和玉米主产区转移，大力发展牛、羊等草食畜牧业。全面振兴奶业，引导扩大生鲜乳消费。大力推进畜牧业规模化、生态化、标准化、特色化和产业化发展，走出一条产出高效、产品安全、资源节约、环境友好的现代畜牧业发展之路。

用生态循环改造。依据资源禀赋和发展基础，完善产业布局和特色精品发展规划，加快推进农牧结合生态循环养殖。改造提升现有畜禽规模养殖场，提高畜禽排泄物资源化利用水平。对区域内畜产品产量、有机肥需求量、农村环境质量进行综合平衡，实现畜牧业与农业农村协调发展。

用规模经营提升。深入推进畜牧业标准化建设，提升规模化和特色化发展水平。通过机制创新和产业融合，建设一批区域优势突出、地方特色鲜明、集聚规模显著、标准化生产程度高、品牌经营强的特色精品产业。培育带动力、竞争力强的龙头主体和产销联合、利益共享的合作组织。

用科技创新支撑。引导研发畜牧业清洁化生产、排泄物资源化综合利用和重大动物疫病综合防控等新技术、新装备，培育畜禽新品种，研发新兽药、新饲料和饲料添加剂，加大先进适用技术示范推广力度。建成畜牧兽医主体地理信息系统，健全动物标识及动物产品追溯系统，提升畜牧兽医系统行业管理、监督执法和服务主体信息化水平。

用监管服务保障。完善动物防疫基础设施，充实基层监管力量，加强关键环节监管。探索建立政府补助、企业运行、保险联动的病死畜禽无害化处理新机制，探索其他畜禽的保险联动机制，确保不发生区域性重大动物疫病、重大畜产品安全事故和流域性漂浮死猪事件。

（三）渔业

渔业是水网地带乡村产业的重要组成部分。按照养殖业提质增效、捕捞业（国内）压减产能、远洋渔业拓展及第一、第二、第三产业融合发展的方针，引领渔业转型升级。内陆地区大力推广循环水养殖（"跑道养鱼"）等节能减排、节地节水、环境友好型养殖模式；沿海地区发展浅海贝藻、鱼贝藻间养和全浮流紫菜养殖等碳汇渔业和深海网箱（围网）建设。实施鱼塘生态化改造、大水面增殖放流、稻鱼共生轮作减排等措施，划定水产养殖禁限养区，严厉整治乱用药、施肥养鱼、尾水直排等行为，降低养殖生产对水环境的负面影响。以渔业油价补助政策调整为契机，用市场化手段赎买渔船和功率指标，着力压减国内海洋捕捞产能，逐步实现海洋捕捞强度与渔业资源再生能力相协调。规范发展远洋渔业，积极稳妥库存鱿鱼等大宗远洋产品，持续增强远洋渔业市场竞争力和发展后劲。

（四）优势特色产业

地方特色优势农产品具有显著的地域性，在乡村产业振兴中具有独特作用。要充分利用地域、品种、资源和文化优势，大力发展特色农业，把地方土特产和小品种做成带动农民增收的大产业。优化农业区域布局，以主体功能区规划和优势农产品布局规划为依托，科学划定蔬菜瓜果、茶叶蚕桑、花卉苗木、食用菌、中药材和特色养殖等产业重点发展地区，并与现代农业产业园、科技园、创业园紧密结合。开展特色农产品标准化生产示范，建设一批地理标志农产品和原产地保护基地。积极发展木本粮油林等特色经济林、珍贵树种用材林、花卉竹藤、森林食品等绿色产业。科学制定特色农产品优势区建设规划，建立评价标准和技术支撑体系，推动各地争创园艺产品、畜产品、水产品、林特产品等特色农产品优势区。

二、稳步发展乡村工业

推动农业现代化和加快乡村工业化是城乡关系协调发展的基本条件，二者相辅相成、互促互进。乡村工业发展要突出农业工业化方向、农民参与性导向、农村适应性取向，按照集群化、园区化、特色化、绿色化要求，优化结构布局，增强乡村工业对乡村产业的引领和支撑作用。

（一）农产品加工业

农产品加工业连接工农、沟通城乡，行业覆盖面宽、产业关联度高、带动农民就业增收作用强。要适应市场需求变化和产业升级趋势，推动农产品加工业从数量增长向质量提升、要素驱动向创新驱动、分散布局向集群发展转变，促进农产品加工业持续稳定健康发展。

合理布局。根据全国农业现代化规划和优势特色农产品产业带、粮食生产功能区、重要农产品生产保护区分布，合理布局原料基地和农产品加工业。在大宗农产品主产区重点发展粮棉油糖加工特别是玉米加工，建设优质专用原料基地和便捷智能的仓储物流体系。在特色农产品优势区重点发展"菜篮子"产品等加工，推动销售物流平台、产业集聚带和综合利用园区建设。在大中城市郊区重点发展主食、方便食品、休闲食品和净菜加工，形成产业园区和集聚带。以县为单元建设加工基地，以村（乡）为单元建设原料基地。

因地制宜、初精结合。围绕农产品产后减损增收，建设商品化处理全产业链，重点改善农产品产后净化、分等分级、烘干、预冷、保鲜、包装等的设施装备条件，以及购置运输、称重、检化验、污水处理等的辅助仪器设备。建设田头收贮设施，购置收贮及处理设备，提升产后农产品贮藏保鲜能力。在大中城市郊区建设一批农产品精深加工示范基地，开发多元产品，打造产业发展集群。推动副产物循环利用、全值利用和梯次利用，提升副产物附加值。

加快发展绿色加工体系。加强国家农产品加工技术研发体系建设，建设一批农产品加工技术集成基地。大力发展绿色加工，引导建立低碳、低耗、循环、高效的绿色加工体系。支持农产品加工园区循环化改造，推进清洁生产和节能减排，引导企业建立绿色工厂，加快应用节水、节粮等高效节能环保技术装备。

（二）饲料工业

饲料工业是联结种养的重要产业，既是种植产品的加工业，又是养殖业的投入品，为现代养殖业提供物质支撑。我国饲料工业经过30多年快速发展，迫切要求加快供给侧结构性改革，实现发展动能转换。

优化饲料工业布局。综合考虑养殖业发展趋势、环境资源禀赋、区位优势和现有产业基础等因素，区别加快发展区、稳定发展区、适度发展区，调整优化饲料工业布局，促进不同区域饲料加工业与种养业协调发展。

保障饲料原料供应。稳定蛋白饲料原料供应，适度增加油菜籽等其他品种进口，加强合成氨基酸新品种应用。建设现代饲草料生产体系，推广草料结合的全混合日粮和商品饲料产品。持续推进秸秆饲料化利用，促进农副资源饲料化利用。

发展安全高效环保饲料产品。加快发展新型饲料添加剂，稳定提高营养改良型酶制剂生产水平，加快研发新型酶制剂，加强药食同源类植物功能挖掘，开发饲用多糖和寡糖产品。研发推广安全环保饲料产品，发展能改善动物整体健康水平的新型饲料产品。

（三）农机装备产业

农业机械装备是发展现代农业、推动乡村振兴的重要物质基础。我国是世界第一农机制造和使用大国，农机装备产业发展，要按照"自主创新、加速转化、提升产业、全面发展"的要求，以创新驱动促进产业转型升级为核心，以市场主导和政府引导相结合为手段，着力扩大产业规模，着力提升创新水平。

开发适用产品。适应农业生产规模化、精准化、设施化和全程机械化要求，优化农机产品结构。积极发展适合家庭经营需要的中小型、轻简化农机，形成高、中、低端产品共同发展格局。按照绿色化发展要求，开发生产高效节能环保、多功能、智能化、资源节约型农业装备产品。

提升制造水平。加大农业装备企业技术改造力度，应用精密成型、智能数控等先进加工装备和柔性制造、敏捷制造等先进制造技术。完善农机产品质量标准体系，实现动力机械与配套农具、主机与配件的标准化、系列化、通用化开发生产。

调整行业结构。完善产业组织结构，提升产业集中度和专业化分工协作水平。中小型企业走"专、精、特、新"发展道路，培育一批零部件加工企业；通过优化重组、兼并，形成整机核心部件均能全程自主生产的龙头企业。

（四）肥料产业

肥料产业存在产能过剩、基础肥料品种发展不平衡、产品同质化严重、绿色有机肥料发展不足等问题。肥料产业发展要为农业绿色发展提供绿色无污染肥料，为农民提供个性化、多样化的套餐增值服务。推行测土配方施肥模式，在了解土壤养分等基本情况的基础上，有针对性地生产氮磷钾配比更科学、更符合土壤养分需求的肥料，同时把环境中蕴藏的养分充分利用起来。通过配方增加微量元素等方法，充分挖掘土壤微生物潜力，更好地发挥营养调控价值。充分利用植物秸秆、动物排泄物等有机质资源，通过物理形态改变、微生物发酵等方式，创新开发有机肥，并生产有机无机复混肥。适应农业专业化和社会化服务发展要求，肥料企业向后延伸服务，发展测土配方施肥、水肥一体化、施肥机械化等精准化便利化服务。

（五）农药产业

现代农药已步入超高效、低用量、无公害的绿色农药时代，新种植形态和生态理念对农药发展及其应用提出更高要求。要根据新的《农药管理条例》及我国农药行业发展现状，推动农药产业高质量发展。

优化产业布局。加快农药企业向专业化园区集中，降低生产分散度。强化行业监管，健全公平公正行业准入政策，制止低水平重复建设，建立和完善重污染企业退出机制。组建大型农药企业集团，培育有国际竞争力的企业。

深化品种结构调整。支持高效、安全、经济、环境友好的农药新产品发展，推动农用剂型向水基化、无尘化、控制释放等高效、安全的方向提升，发展用于小宗作物的农药、生物农药和用于非农业领域的农药新产品、新制剂。

强化创新驱动。建设农药技术创新体系，加强共性关键技术和技术集成开发。加快成果转化，重点突破"三废"处理关键技术、环保型剂型开发技术、基于药物传递系统的环保农药剂型开发共性技术等。

三、发展乡村服务业

乡村服务业是指服务于农业再生产和农村经济社会发展，通过多种经济形式、多种经营方式、多层次多环节发展起来的一大产业，是现代服务业的重要组成部分。要适应乡村产业的兴旺需求和农村居民日益增长的美好生活需要，在加强政府公益性服务的基础上，积极培育经营性服务组织，鼓励种子、农机、农药生产企业延伸服务链，拓展服务内容，规范服务行为，推动乡村服务产业有序、健康、快速发展。

（一）农资配送服务

农资配送服务包括作物与畜禽水产种子种苗、化肥、农药等的配送服务。在种子种苗方面，由服务组织与"育繁推一体化"种业企业合作，在良种研发、展示示范、集中育秧（苗）、标准化供种、用种技术指导等环节向农民和生产者提供全程服务；开发包括种子供求、品种评价、销售网点布局等信息在内的手机客户端，为农民科学选种、正确购种提供服务；开展种子种苗、畜种及水产苗种保存、运输等物流服务。在肥药方面，积极发展兽药、农药和肥料连锁经营，区域性集中配送等供应模式。开展青贮饲草料收贮，推广优质饲草料收集、精准配方和配送服务。特别要重视发挥供销合作社在农资供应和资源配送上的主渠道优势，优化农资配送服务方式。供销合作社可在有条件的农民合作社设立农资供应网点，加强农资物联网建设与应用；与农民专业合作社、农产品行业协会等协作，开办"庄稼医院"，建立智慧农资网络，承担政府向社会力量委托或购买的相关公共服务，提供农资配送等服务。

（二）农技推广服务

农技推广服务涉及农民千家万户对粮食等大宗生产技术、公共性技术的需求，一般由政府农业公共服务机构直接提供或通过购买服务的方式由经营性服务机构提供。在作业内容上，开展深翻、深松、秸秆还田等田间作业，集成推广绿色、高产、高效技术模式。采用测土配方施肥、有机肥替代化肥等减量增效新技术，推进肥料统供统施服务，加快推广喷灌、滴灌、水肥一体化等农业节水技术。推广绿色防控产品、高效低风险农药和高效大中型施药机械，以及低容量喷雾、静电喷雾等先进施药技术，推进病虫害统防统治与全程绿色防控有机融合。动物防疫服务组织、畜禽水产养殖企业、兽药生产企业、动物诊疗机构和相关科研院所等各类主体，提供专业化动物疫病防治服务。促进公益性农技推广机构与经营性服务组织融合发展，基层农技推广机构通过派驻人员、挂职帮扶、共建载体、联合办公等方式，为新型经营主体和服务主体提供全程化、精准化和个性化指导服务。探索农技人员在履行好岗位职责前提下，通过提供增值服务获取合理报酬的新机制。构建农技推广机构、科研教学单位、市场化主体、乡土人才、返乡下乡人员等广泛参与、分工协作的农技推广服务联盟，实现农业技术成果组装集成、试验示范和推广应用的无缝链接。

（三）农机作业服务

推进农机作业服务领域从粮棉油糖作物向特色作物、园艺作物、养殖业生产配套拓展，服务环节从以耕种收为主向专业化植保、秸秆处理、产地烘干等农业生产全过程延伸。加快应用基于北斗系统的作业监测、远程调度、维修诊断等大中型农机物联网技术，农机作业服务主体可利用全国"农机直通车"信息平台及时掌握需求信息，加强信息交流，提高跨区作业服务效率。积极发展农机具维修服务，有效打造区域农机安全应急救援中心和维修中心，以农机合作社维修和农机企业"三包"服务网点为重点，推动专业维修网点转型升级。在粮食生产功能区、重要农产品保护区、特色农产品优势区，支持农机服务主体以及农村集体经济组织等建立集中育秧、集中烘干、农机具存放等设施，为农户提供一站式服务。

（四）农业生产托管

农业生产托管是农户等经营主体在不流转土地经营权的条件下，将农业生产中的耕、种、防、收等全部或部分作业环节委托给服务组织完成或协助完成的农业经营方式，是多方面服务的综合体，是服务型规模经营的主要形式，具有广泛的适应性和发展潜力。总结推广土地托管、代耕代种、联耕联种、农业共营制等托管形式，把发展农业生产托管作为推进农业生产性服务业、带动普通农户发展适度规模经营的主推服务方式，采取政策扶持、典型引导、项目推动等支持推进措施。

（五）农业废弃物资源化利用服务

鼓励通过政府购买服务的方式，支持专业服务组织收集处理病死畜禽。在养殖密集区推广分散收集、集中处理利用等模式，推动建立畜禽养殖废弃物收集、转化、利用三级服务网络，探索建立畜禽粪污处理和利用受益者付费机制。加快残膜捡拾、加工机械和残膜分离等技术装备研发，积极探索生产者责任延伸制度，由地膜生产企业统一供膜、统一回收。推广秸秆青（黄）贮、秸秆膨化、裹包微贮、压块（颗粒）等饲料化技术，采取政府购买服务、政府与社会资本合作等方式，培育一批秸秆收、储、运社会化服务组织，发展一批生物质供热供气、颗粒燃料、食用菌等可市场化运行主体，促进秸秆资源循环利用。

（六）农产品流通交易服务

加强产地批发市场建设；培育现代农业物流中心，在巩固提高现有大中型批发市场的基础上，探索绿色农产品直供、连锁配送、定点销售等营销机制，提供农产品预选分级、加工配送、包装仓储、信息服务、标准化交易、电子结算、检验检测等服务。完善农产品物流服务，推进农超对接、农社对接，利用农业展会开展多形式产销衔接。支持有资质的服务组织开展农产品质量安全检验检测，推动检测结果互认，提供准确、快捷的检测服务。基层农产品质量安全监管机构提供追溯服务，指导主体开展主体注册、信息采集、产品赋码、扫码交易、开具食用农产品合格证等业务。以整合开发现有农业信息资源和健全农业信息服务体系为重点，建立延伸至农业龙头企业、农产品批发市场、中介组织和经营大户的信息网络，加强市场购销、价格等信息采集、分析和发布，建立健全市场引导生产、推动农业结构调整的机制。

（七）提升乡村服务业水平

搭建统一高效、互联互通的信息服务平台，加快建设和汇集各类农业重要基础性信息系统，为生产主体提供农产品生产状况、市场供求走势、资源环境变化、动植物疫病防控、产品质量安全以及服务组织资信等信息服务。全面实施信息进村入户工程，支持各类服务组织参与益农信息社建设，共用共享农村各类经营网点资源，为农民和新型主体提供公益服务、便民服务、电子商务和培训体验等服务。积极拓展服务领域，为农业农村发展提供基础设施管护、小额资金信贷等服务。

健全乡村服务业标准体系，针对不同行业、不同品种、不同服务环节，制定服务标准和操作规范，加强服务过程监管，引导服务主体严格履行服务合同。建立服务质量和绩效评价机制，有效维护服务主体和服务对象的合法权益。将农业服务领域信用记录纳入全国信用信息共享平台。

着力规范服务行为，大力推行专项服务"约定有合同、内容有标准、过程有记录、人员有培训、质量有保证、产品有监管"模式，提高服务标准化水平。统筹和整合基层农业服务资源，搭建集农资供应、技术指导、动植物疫病防控、土地流转、农机作业、农产品营销等服务于一体的区域性综合服务平台，集成、应用、推广先进适用技术和现代物质装备，不断提升综合服务的集约化水平。

第二节　繁荣发展乡村文化

持续推进农村精神文明建设，提升农民精神风貌，倡导科学文明生活，不断提高乡村社会文明程度。

一、筑牢理想信念之基

人民有信仰，国家有力量，民族有希望。信仰信念指引人生方向，引领道德追求。要坚持不懈地用新时代中国特色社会主义思想武装全党、教育人民，引导人们把握丰富内涵、精神实质、实践要求，打牢信仰信念的思想理论根基。在农村广泛开展理想信念教育，深化社会主义和共产主义宣传教育，深化中国特色社会主义和中国梦宣传教育，引导农民不断增强道路自信、理论自信、制度自信、文化自信，把共产主义远大理想与中国特色社会主义共同理想统一起来，把实现个人理想融入实现国家富强、民族振兴、人民幸福的伟大梦想之中。

二、培育弘扬社会主义核心价值观

社会主义核心价值观是当代中国精神的集中体现，是凝聚中国力量的思想道德基础。社会主义核心价值观是一个国家的重要稳定器，能否构建具有强大感召力的社会主义核心价值观，关系社会和谐稳定，关系国家长治久安。要采取符合农村特点的方式方法及载体，持续深化社会主义核心价值观宣传教育，增进认知认同、树立鲜明导向、强化示范带动，引导农民把社会主义核心价值观作为明德修身、立德树人的根本遵循。把社会主义核心价值观要求融入日常生活，使之成为人们日用而不觉的道德规范和行为准则。加强爱国主义、集体主义、社会主义教育，深化民族团结进步教育。以爱国主义为核心的民族精神和以改革创新为核心的时代精神，是中华民族生生不息、发展壮大的坚实精神支撑和强大道德力量。要倡导一切有利于团结统一、爱好和平、勤劳勇敢、自强不息的思想和观念，构筑中华民族共有的精神家园。注重典型示范，深入实施时代新人培育工程，推出一批新时代农民的先进模范人物。把社会主义核心价值观融入法治建设，推动公正文明执法司法，彰显社会主流价值。强化公共政策价值导向，探索建立重大公共政策道德风险评估和纠偏机制。

三、加强农村思想道德阵地建设

推动基层党组织、基层单位、农村社区有针对性地加强农村群众性思想政治工作。加强对农村社会热点、难点问题的应对解读，合理引导社会预期。健全人文关怀和心理疏导机制，培育自尊自信、理性平和、积极向上的农村社会心态。深化文明村镇创建活动，进一步提高县级及以上文明村和文明乡镇的占比。广泛开展星级文明户、文明家庭等群众性精神文明创建活动。深入开展"扫黄打非"进基层。重视发挥社区教育作用，做好家庭教育，传承良好家风家训。完善文化科技卫生"三下乡"长效机制。

四、倡导诚信道德规范

深入实施公民道德建设工程，推进社会公德、职业道德、家庭美德、个人品德建设。推进诚信建设，强化农民的社会责任意识、规则意识、集体意识和主人翁意识。建立健全农村信用体系，完善守信激励和失信惩戒机制。弘扬劳动最光荣、劳动者最伟大的观念。弘扬中华孝道，强化孝敬父母、尊敬长辈的社会风尚。广泛开展好媳妇、好儿女、好公婆等评选表彰活动，开展寻找"最美乡村教师""最美医生""最美村干部""最美人民调解员"等活动。深入宣传道德模范、身边好人的典型事迹，建立健全先进模范发挥作用的长效机制。

乡村文化是乡村全面发展的有机组成部分，传承发展提升农村优秀文化是文化振兴的重要任务。要切实保护好优秀农耕文化遗产，推动优秀农耕文化遗产合理适度利用。深入挖掘农耕文化蕴含的优秀思想观念、人文精神、道德规范，充分发挥其在凝聚人心、教化群众、淳化民风中的重要作用。划定乡村建设的历史文化保护线，保护好文物古迹、传统村落、民族村寨、传统建筑、农业遗迹、灌溉工程遗产。支持农村地区优秀戏曲曲艺、少数民族文化、民间文化等传承发展。

五、保护利用乡村传统文化

实施农耕文化传承保护工程，深入挖掘农耕文化中蕴含的优秀思想观念、人文精神、道德规范，充分发挥其在凝聚人心、教化群众、淳化民风中的重要作用。实施乡村经济社会变迁物证征藏工程，鼓励乡村史志修编。传承传统建筑文化，使历史记忆、地域特色、民族特点融入乡村建设与维护。实施传统文化乡镇传统村落及传统建筑维修、保护和利用工程，划定乡村建设的历史文化保护线，分批次开展重点保护项目规划、设计、修复和建设，加强历史文化名镇、名村、传统民居、古树名木保护。支持农村地区优秀戏曲曲艺、少数民族文化、民间文化等传承发展。整理保护有地方特色的物质文化遗产，传承保护传统美术、戏剧、曲艺、民间舞蹈、杂技和民间传说等非物质文化遗产，鼓励支持非物质文化遗产传承人、其他文化遗产持有人开展传承、传播活动。完善非物质文化遗产保护制度，实施非物质文化遗产传承发展工程。

六、重塑乡村文化生态

紧密结合特色小镇、美丽乡村建设，深入挖掘乡村特色文化符号，盘活地方和民族特色文化资源，走特色化、差异化发展之路。以形神兼备为导向，保护乡村原有建筑风貌和村落格局，把民族民间文化元素融入乡村建设，深挖历史古韵，弘扬人文之美，重塑诗意闲适的人文环境和田绿草青的居住环境，重现原生田园风光和原有乡情乡愁。引导企业家、文化工作者、退休人员、文化志愿者等投身乡村文化建设，丰富农村文化业态。

第三节 建设生态宜居美丽乡村

一、村庄整体规划

好的村庄规划，是凝固的艺术、历史的画卷。整治村容村貌，要坚持规划先行，从各地的实际出发，通过精心的规划设计，切实提高村庄布局水平、村落规划水平和民居设计水平，避免把村庄建成"夹皮沟"，把村落建成"军营式"，把民居建成"火柴盒"。农村就要像农村，规划建设村庄，要依山就势、傍河就景、错落有致，与自然山水融为一体，体现生态田园风光。

民居的外在风貌要有地域和民族特色，彰显农村蓬勃生机，内部功能要现代实用，有利于群众享受现代文明生活。有条件的地方，民居设计要前庭后院，建设"微田园"，既满足群众发展种养副业的需要，又彰显"鸡犬之声相闻"的农家情趣。

　　农村规划建设要做到"产村相融"，与产业发展相配套，村庄布局、村落规划、基础设施建设、民居功能设计等方面，都要有利于发展生产，提高农村的承载能力、服务能力和发展能力，帮助农民增收致富。

二、乡村道路规划

　　乡村道路系统是以乡村现状、发展规划、交通流量为基础，并结合地形、地貌、环境保护、地面水的排除、各种工程管线等，因地制宜地规划布置。规划道路系统时，应使所有道路分工明确，主次清晰，以组成一个高效、合理的交通体系，并应符合下列要求。

（一）满足安全

　　为了防止行车事故的发生，汽车专用公路和一般公路中的二、三级公路不宜从村的中心内部穿过；连接车站、码头、工厂、仓库等货运为主的道路，不应穿越村庄公共中心地段。农村内的建筑物距公路两侧不应小于30米；位于文化娱乐、商业服务等大型公共建筑前的路段，应规划人流集散场地、绿地和停车场。停车场面积按不同的交通工具进行划分确定。汽车或农用货车每个停车位宜为25~30平方米；电动车、摩托车每个停车位为2.5~2.7平方米；自行车每个停车位为1.5~1.8平方米。

（二）灵活运用地理条件，合理规划道路网走向

　　道路网规划指的是在交通规划基础上，对道路网的干、支道路的路线位置、技术等级、方案比较、投资效益和实现期限的测算等的系统规划工作。对于河网地区的道路宜平行或垂直于河道布局。跨越河道上的桥梁，则应满足通航净空的要求；山区乡村的主要道路宜平行等高线设置，并能满足山洪的泄流；在地形起伏较大的乡村，应视地面自然坡度大小，对道路的横断面组合作出经济合理的安排，并且主干道走向宜与等高线接近于平行布置；地形高差特别大的地区，宜设置人、车分开的道路系统；为避免行人在"之"字形支路上盘旋行走，应在垂直等高线上修建人行梯道。

（三）科学规划道路网形式

在规划道路网时，道路网节点上相交的道路条数，不得超过5条；道路垂直相交的最小夹角不应小于45°。道路网形式一般有方格网式、环形放射式、自由式和混合式四类。

三、乡村住宅功能布局

根据乡村住宅类型多样、住宅人数偏多、住户结构复杂等特点，住宅设计重点应落在功能布局上。主要应注意以下五个方面。

（一）合理规划房间

根据常住户的规模，有一代户、两代户、三代户及四代户。一般两代户与三代户较多，人口多在3～6口。这样基本功能空间就要有门斗、起居室、餐厅、卧室、厨房、浴室、储藏室，并且还应有附加的杂屋、厕所、晒台等功能，而套型应为一户一套或一户两套。当为3～4口人时，应设2～3个卧室；当为4～6口人时，应设3～6个卧室。如果住户为从事工商业者，还可根据实际情况进行增加。

（二）确保生产与生活区分开

凡是对人居生活有影响的，均要拒之于住宅乃至住区以外，确保家居环境不受污染。

（三）做到内与外区分

由户内到户外，须有一个更衣换鞋的户内外过渡空间；并且客厅、客房及客流路线应尽量避开家庭内部的生活领域。

（四）做到"公"与"私"的区分

在一个家庭住宅中，所谓"公"，就是全家人共同活动的空间，如客厅；所谓"私"，就是每个人的卧室。公私区分，就是公共活动的起居室、餐厅、过道等，应与每个人私密性强的卧室相分离。在这种情况下，基本上也就做到了"静"与"动"的区分。

（五）做到"洁"与"污"的区分

这种区分也就是基本功能与附加功能的区分。如做饭烹调、燃料、农具、洗涤便溺、杂物储藏、禽舍畜圈等均应远离清洁区。

四、农村垃圾分类处理

（一）垃圾分类的概念和意义

垃圾分类是指按照一定的规定或标准将垃圾分类储存、分类投放和分类搬运，从而转变成公共资源的一系列活动的总称。它的目的是提高垃圾的资源价值和经济价值，力争物尽其用。

垃圾分类是一种可持续的经济发展和生态保护模式，具有社会、经济、生态三方面的效益。近年来，随着经济社会的快速发展，人民生活水平不断提升，垃圾数量也与日俱增，给生态环境、财政支付等都带来了很大压力。推进农村生活垃圾分类处置已到了刻不容缓的地步。

（二）常见的农村垃圾

常见的农村垃圾有三类：可回收利用垃圾、可堆沤垃圾、不可降解垃圾或有害垃圾。

1.可回收利用垃圾

可回收利用垃圾由民间废品回收公司回收。包括如下几个系列。

废纸系列：报纸、书本纸、外包装用纸、办公用纸、广告用纸、纸盒、作业本、草稿纸等。

废塑料系列：农膜、各种塑料袋、塑料泡沫、塑料包装、一次性塑料餐盒、牙刷、塑料杯子、饮料瓶、矿泉水瓶、洗发水瓶、洗洁精瓶、牙膏袋等。

废金属系列：易拉罐、铁皮罐头盒等。

废玻璃系列：玻璃瓶和碎玻璃片、镜子、罐头瓶、啤酒瓶等。

废橡胶系列：橡胶鞋、自行车胎、摩托车胎等。

废衣料系列：废弃衣服、毛巾、书包、布鞋等。

其他：纤维袋、纤维布等。

2. 可堆沤垃圾

可堆沤垃圾由保洁员督促农户就地分散，采取堆肥或填埋处置。包括：瓜果皮、废菜叶、藕煤渣、食物残渣、鸡鸭毛和禽鱼动物内脏等。

3. 不可降解垃圾或有害垃圾

不可降解垃圾或有害垃圾由合作社向农户购买，特指：废农药瓶、废电池等。

（三）常见的垃圾分类方法

垃圾分类方法有很多。具体到农村地区，初期阶段，可以简单分成"可烂的"厨余垃圾和"不可烂的"其他垃圾，这样村民易于理解和接受。

五、生活污水处理模式

根据我国农村基本国情，生活污水处理大致分为三种模式，即分散处理模式、村落集中处理模式和纳入城镇排水管网模式。

（一）分散处理模式

分散处理模式，即单户或几户，采用小型污水处理设备或自然处理形式处理生活污水，其适用于人口密度稀少、地形条件复杂、污水不易集中收集的村庄污水处理。目前，庭院式分散处理、街道式局部集中就地处理采用较多。

（二）村落集中处理模式

我国提出"连片治理"模式，连片村庄有如下三种形式。

（1）对地域空间相连的多个村庄，通过采取措施实施综合治理。

（2）围绕同类环境问题或相同环境敏感目标，对地域上互不相连的多个村庄进行同步治理。

（3）通过建设集中的大型污染防治设施，利用其辐射作用，解决周边村庄的环境问题。该模式适用于污水排放量较大、人口密度大、远离城镇的地区。该处理模式，与污水处理站类似，通常采用生物与生态组合处理等工艺形式。

（三）纳入城镇排水管网模式

城镇近郊区的农村，经济条件较好，能直接接入市政污水管道的生活污水，可选择纳入城镇污水管网，进行统一集中处理。该方法具有投资省、施工周期短、见效快和统一管理方便等优点。

因此，应根据村庄所处地域、人口规模、聚集程度、地形地貌、排水特点及排放要求，结合当地经济承受能力等，采用适宜的污水收集和处理模式进行农村生活污水处理。

靠近城市的城镇或村庄生活污水可以并入城市集中式污水处理厂，远离城市的村庄因其独立性和分散性等特点，可以灵活组合生物+生态处理技术，如"化粪池+潜流式人工湿地"工艺的庭院式污水处理技术或"强化一级处理+生物处理+人工强化生态净化"工艺的分散式处理技术等。

大力实施乡村生态保护与修复重大工程，完善重要生态系统保护制度，促进乡村生产生活环境稳步改善，自然生态系统功能和稳定性全面提升，生态产品供给能力进一步增强。

第四节　构建现代乡村治理体系

一、农村基层党组织在乡村治理中的重要作用

农村基层组织主要指设在村一级的各种组织，包括基层党组织、基层政权和其他组织三个方面，主要有村党组织、村民委员会、村团支部、村妇代会、村民兵连及"两新"组织（"新的经济组织"和"新的社会组织"）。其中，农村基层组织的领导核心是基层党组织。在乡村治理体系中，党的基层组织居于中心地位，发挥着核心作用，是实现新时期乡村治理现代化的关键。

（一）乡村治理的主导者

乡村振兴，治理是基础。"农业强、农村美、农民富"的乡村振兴战略目标依赖乡村有效治理来实现。农村基层党组织作为领导村民自治的核心力量，一边连接国家权力，一边连接人民群众，是党的战斗力、凝聚力和号召力充分发挥的最终落脚点，是实现乡村社会充满活力、和谐有序的主导力量。

基层党组织以法治为保障，把乡村治理纳入法治轨道，形成群众办事依法、遇事找法、解决问题用法、化解矛盾靠法的法治氛围，动员组织群众依法、理性、有序参与社会管理和公共服务，实现乡村治理和谐有序。

基层党组织以德治为引领，以伦理道德规范为准则，移风易俗，培育文明乡风、良好家风、淳朴民风，让社会主义核心价值观落地生根、开花结果，形成潜移默化的"软治理"。

基层党组织以推动自治为核心，"让村民群众当家作主是乡村治理的本质和核心，是乡村治理的出发点和落脚点，这是以人民为中心的根本政治立场所决定的"。保证和支持广大基层村民群众实行自我教育和自我管理，形成乡村治理的强大动力。

（二）乡村建设的领导者

坚持和加强党组织对乡村工作的全面领导，确保和强化党组织在乡村工作中举旗定向、总揽全局、协调各方的作用，健全和完善党管农村工作的领导体制及运行机制，这是我国乡村振兴坚强有力的组织保证和政治保障。

从政治方向看，基层党组织熟知党的路线方针政策，依据《中华人民共和国宪法》（以下简称《宪法》）和党内法规开展各项活动，并受《宪法》和党章的双重约束，能动地发挥主心骨的作用，保证农村的政治、经济、社会发展不偏离党和国家的发展方向和奋斗目标。

从党群关系看，基层党组织坚持党"从群众中来、到群众中去"的群众路线，利用自身及村委会、村集体经济组织、共青团、妇代会等群团组织的影响力，教育群众、发动群众、依靠群众，形成合力，实现全民共同参与乡村建设。

从社会管理看，作为党的基层组织，服从党的决议，执行党的政策，以党的奋斗目标将农民组织起来，确立发展目标、制定工作制度、完善规划方案、解决农业问题、满足农民需要、促进农村发展，成为农村事务的有效管理者。

（三）村民利益的代表者

乡村振兴，村民是主体。如何调动广大乡村居民的积极性、主动性、创造性，维护乡村居民根本利益、促进乡村居民共同富裕，是我国乡村治理的出发点和落脚点。毫无疑问，利益关系是乡村最重要、最复杂的社会关系，是形成乡村社会结构和建立乡村社会关系的基础，利益实现是农村社会组织和农村发展的动力所在。

从性质和宗旨看，基层党组织是党在基层的先锋队，是广大人民群众的利益代表者，保护着农民群众的合理、合法利益，谋求的是农民群众根本利益和长远利益，这是践行党全心全意为人民服务宗旨的必然要求。

从基础和结构看，基层党组织是国家、集体、个人利益关系的调控者和整合者。一方面创造利益表达的渠道和条件，充分了解村民的利益诉求，积极反映农民的愿望和意见；另一方面以党的政策为指导，在求同存异的原则下形成基本共识，调整利益关系，化解利益冲突，实现利益整合，成为农民根本利益的代言人、维护者、实践者。

（四）农业发展的推动者

乡村振兴，发展是关键。农业全面升级、农村全面进步、农民全面发展是新时代乡村振兴的基本要求，而坚持质量兴农、绿色兴农，以农业供给侧结构性改革为主线则是农村产业发展的基本原则。农村经济社会的全面发展，农村群众的增收致富，关键依靠党的基层组织带领、发动和组织；党的惠民利民政策、农村秩序的和谐稳定，关键靠党的基层组织落实、服务和保障。基层党组织是贯彻以人民为中心的发展理念、落实党中央"精准扶贫"攻坚战略的执行者，通过宣传党的方针政策，制订和倡导科学发展计划，推动农村农业的发展。

具体在农村农业发展方面，基层党组织是重要的领导力量和组织力量，确定经济发展方向，构建农业产业体系，开展指导及帮扶工作，不断提高农业的竞争力、生产力及创新力，不断促进农村农业的创新发展。俗话说，"村看村，户看户，群众看干部"，基层党组织发挥党员的示范引领作用，通过咨询、带领、合作等，以"一带一""一帮多"等形式对村民进行帮扶、帮助、援助，解决发展困难问题，搭建发展平台，创造发展机遇，推进农民共同富裕目标的实现。

二、加强农村基层党组织建设路径

党的十八大以来，党中央高度重视农村基层党建工作，采取一系列有力举措加以推进，取得了显著成效。但随着经济社会快速发展，农村组织形式日益多样、社会阶层更加多元、人口流动更加频繁，给农村基层党组织建设带来了许多新课题。同时，农村基层党组织也存在一些突出问题，有的村党组织领导核心作用被弱化、虚化，少数农村党组织处于软弱涣散状态。面对新的形势和任务，必须充分认识加强农村基层党建工作的重要性紧迫性，切实把加强农村基层党组织建设摆在更加突出的位置抓实抓好。

（一）强化政治引领

强化农村基层党组织的领导核心地位，充分发挥基层党组织政治功能，使农村基层党组织成为落实党的路线方针政策和各项工作任务的坚强战斗堡垒。突出政治引领，进一步加强政治建设和思想建设。深入推进"两学一做"学习教育常态化制度化，扎实开展"不忘初心、牢记使命"主题教育，不断加强党内教育，组织农村基层党组织和广大党员用党的创新理论武装头脑，牢固树立"四个意识"，坚定"四个自信"，做到"四个服从"，坚持党要管党、全面从严治党，以提升组织力为重点，突出政治功能，努力成为宣传党的主张、贯彻党的决定、领导基层治理、团结动员群众、推动改革发展的坚强战斗堡垒。

（二）加强基层领导班子和干部队伍建设

加强农村基层干部对新时代中国特色社会主义思想和党的基本理论、基本路线、基本方略的学习。各级党组织应当注重加强农村基层干部教育培训，不断提高素质。县级党委每年至少对村党组织书记培训一次。加强农村基层干部队伍作风建设。加强农村基层干部管理监督，坚决纠正损害群众利益的行为，严厉整治群众身边的腐败问题。注重从优秀村党组织书记、选调生、大学生村官、乡镇事业编制人员中选拔乡镇领导干部，从优秀村党组织书记中考录乡镇公务员、招聘乡镇事业编制人员。重视发现培养选拔优秀年轻干部、女干部和少数民族干部。村党组织书记应当注重从本村致富能手、外出务工经商返乡人员、本乡本土大学毕业生、退役军人的党员中培养选拔。每个村应当储备村级后备力量。建立选派第一书记工作长效机制，全面向贫困村、软弱涣散村和集体经济薄弱村党组织派出第一书记。全面加强农村基层组织体系建设，把党员组织起来，把人才凝聚起来，把群众动员起来，合力推动新时代乡村全面振兴。乡镇党委领导班子每年至少召开一次民主生活会，村党组织领导班子每年至少召开一次组织生活会，严肃认真地开展批评和自我批评，接受党员、群众的监督。

（三）加强基层党员队伍建设

按照控制总量、优化结构、提高质量、发挥作用的总要求和有关规定，把政治标准放在首位，做好发展党员工作。注重从青年农民、农村外出务工人员中发展党员，注意吸收妇女入党。村级党组织发展党员必须经过乡镇党委审批。县、乡两级党委要加强农村党员教育培训，建好用好乡镇党校、党员活动室，注重运用现代信息技术开展党员教育。乡镇党委每年至少对全体党员分期分批集中培训一次。严格党的组织生活。坚持"三会一课"制度，村党组织应当以党支部为单位，每月安排相对固定一天开展主题党日活动，组织党员学习党的文件、上党课，开展民主议事、志愿服务等工作，突出党性锻炼，防止表面化、形式化。党员领导干部应当定期为基层党员讲党课。坚持和完善民主评议党员制度。对优秀党员，进行表彰表扬；对不合格党员，加强教育帮助，依照有关规定，分别给予限期改正、劝其退党、党内除名等组织处置。严格执行党的纪律。党员违犯党的纪律，应当及时教育或者处理，问题严重的应当向上级党组织报告。对于受到党的纪律处分的，应当加强教育，帮助其改正错误。农村党员应当在社会主义物质文明建设和精神文明建设中发挥先锋模范作用，带头投身乡村振兴，带领群众共同致富。

（四）加大基层保障力度

各级党委应当健全以财政投入为主的稳定的村级组织运转经费保障制度，建立正常增长机制。落实村干部基本报酬，发放人数和标准应当依据有关规定，从实际出发合理确定，确保正常离任村干部生活补贴到位。落实村级组织办公经费、服务群众经费、党员活动经费。建好、管好、用好村级组织活动场所，整合利用各类资源，规范标识、挂牌，发挥"一室多用"的综合功能，服务凝聚群众，教育引导群众。乡镇应当设立党建工作办公室或者党建工作站，配备专职组织员，配强党务力量。加强乡镇小食堂、小厕所、小澡堂、小图书室、小文体活动室和周转房建设，改善乡镇干部工作和生活条件。各级党组织应当满怀热情关心关爱农村基层干部和党员，政治上激励、工作上支持、待遇上保障、心理上关怀，宣传表彰优秀农村基层干部先进典型，彰显榜样力量，激励新担当新作为。

三、深化村民自治实践

村民自治是我国社会主义基层民主制度的重要组成部分。充满活力的村民自治制度能够有效实现和保障村民民主权利，夯实党在农村的执政基础，是促进农村改革发展稳定的重要保障。党的十八大以来，多次强调要坚持和完善基层群众自治制度、创新村民自治的有效实现形式，丰富基层民主协商的实现形式，发挥村民监督的作用，让农民自己"说事、议事、主事"。

（一）加强村民自治机制建设

充分发挥基层党组织领导核心作用。加强基层党组织对各类组织的统一领导，打造充满活力、和谐有序的善治乡村，形成共建共治共享的乡村治理格局。推动管理和服务力量下沉，引导基层党组织强化政治功能，聚焦主业主责，把工作重点转移到基层党组织建设上来，转移到做好公共服务、公共管理、公共安全工作上来，转移到为经济社会发展提供良好公共环境上来。有效发挥基层政府主导作用，注重发挥基层群众性自治组织基础作用，统筹发挥社会力量协同作用。进一步加强基层群众性自治组织规范化建设，合理确定其管辖范围和规模。促进基层群众自治与网格化服务管理有效衔接。完善农村民主选举制度，进一步规范民主选举程序，切实保障外出务工农民民主选举权利。充分发挥自治章程、村规民约在治理中的积极作用，弘扬公序良俗，促进法治、德治、自治有机融合。增强农村集体经济组织支持农村社区建设能力。

（二）推动乡村治理重心下移

从实际出发，根据各地具体情况和村民意愿，按照合乎群众自治组织内在规律、便于管理和服务的要求，稳步创新自治方式。依托村民会议、村民代表会议、村民议事会、村民理事会、村民监事会等，形成民事民议、民事民办、民事民管的多层次基层协商格局。推动乡村治理重心下移，尽可能把资源、服务、管理下沉到基层。在保持现有村民委员会设置格局的前提下，对处于独立居民点且拥有集体土地所有权的村民小组或自然村，根据群众意愿建立村民理事会等组织，代表村民对本集体组织范围内的公共事务开展议事协商会，实行民主管理和监督。村民理事会向村民小组会议负责并报告工作。村民理事会成员任期与村民委员会相同。村民理事会成员的产生根据本人自愿、群众认可的原则，通过民主推选产生，可采取村民代表推选方式，也可采取直接推选方式。村党组织和村民委员会成员可参加本村民小组或自然村的村民理事会选举。提倡村民小组组长与村民理事会理事长互相兼职，鼓励本村党组织团员、教师、乡村医生、致富能手、返乡创业农民工、退休公职人员等加入理事会。明确村民自治组织功能，落实"说事日"制度，制定村规民约、完善文明公约，严格落实村（组）务公开、村民代表会、村民大会等民主管理制度。村民理事会要在村党组织的领导和村民委员会的指导下开展活动。

（三）建立健全村务监督委员会

村务监督委员会是村民对村务进行民主监督的机构。建立健全村务监督委员会，对从源头上遏制村民群众身边的不正之风和腐败问题、促进农村和谐稳定具有重要作用。村务监督委员会一般由3~5人组成，设主任1名，由非村民委员会成员的村党组织班子成员或党员担任主任，村务监督委员会成员由村民会议或村民代表会议在村民中推选产生，任期与村民委员会的任期相同。村务监督委员会对村务、财务管理等情况进行监督，受理和收集村民有关意见建议。村务监督委员会要重点加强对村务决策和公开情况、村级财产管理情况、村工程项目建设情况、惠农政策措施落实情况、农村精神文明建设情况等的监督。村务监督委员会一般应每季度召开一次例会，梳理总结、研究安排村务监督工作。每半年向村党组织汇报一次村务监督情况，村党组织要认真听取村务监督委员会的意见。每年向村民会议或村民代表会议报告一次工作，由村民会议或村民代表会议对村务监督委员会及其成员进行民主评议。

（四）不断提升农村社区公共服务供给水平

加强农村社区治理创新。创新基层管理体制机制，整合优化公共服务和行政审批职责，打造"一门式办理""一站式服务"的综合服务平台。健全农村社区服务设施和服务体系，整合利用村级组织活动场所、文化室、卫生室、计划生育服务室、农民体育健身工程等现有场地、设施和资源，推进农村基层综合性公共服务设施建设，提升农村基层公共服务信息化水平，逐步构建县（市、区）、乡（镇）、村三级联动互补的基本公共服务网络。积极推动基本公共服务项目向农村社区延伸，探索建立公共服务事项全程委托代理机制，促进城乡基本公共服务均等化。加强农村社区教育，鼓励各级各类学校教育资源向周边农村居民开放，用好县级职教中心、乡（镇）成人文化技术学校和农村社区教育教学点。改善农村社区医疗卫生条件，加大对乡（镇）、村卫生和计划生育服务机构设施改造、设备更新、人员培训等方面的支持力度。做好农村社区扶贫、社会救助、社会福利和优抚安置服务，推进农村社区养老、助残服务，组织引导农村居民积极参加城乡居民养老保险，全面实施城乡居民大病保险制度和"救急难"工作试点。

四、推进乡村法治建设

法治乡村建设是一个总体性、整体性、全面性和协调性的系统工程，需要全面推进。只有通过大力提升农民法治意识以增强其法治需求、规范权力运行以构建公正的法治环境、强化法律有效实施以维护权利、创新法律服务以推进法律服务供给，才能构建出美好的乡村法治生活。

（一）提升农民法治意识

法治的生成首先源于对法治的需求，而法治需求的产生又仰赖于法治意识的提升。因为只有认知法治的内涵、意义、精神、理念、价值，以及其对现代美好生活的意义与构建，才会追求法治生活，才会在日常生活中规范法律行为，进而自觉用法和守法。乡村是传统文化的根基与承载地，而传统文化中不合时宜的人治思维、关系模式、厌讼心理、权力压制权利的社会生活逻辑在乡村依然大行其道，阻碍着现代法治的生成。为此，需要通过不断提升农民的法治意识特别是权利意识、规则意识和参与意识等唤醒农民对公平正义和美好生活的向往，这样才能为法治乡村建设构建坚实的基础。当前，提升农民法治意识的主要途径是加强对农民的法治宣传教育。在法治宣传教育实践中，要以全面依法治国新理念新思想新战略为指导，紧紧围绕农民最为关心的问题以及影响农民生活最为紧迫的问题入手展开法治教育宣传，如化解矛盾纠纷、助力精准脱贫和强化生态保护等，从而让农民群众深切感受到法治对于构建美好生活的意义。同时，创新探索新时代法治教育的新机制、新模式、新方法：一方面构建多元化的法律宣传教育机制，如要发挥基层政府、司法机关、法律服务所、律师事务所、社会组织以及农村法律明白人的法治教育价值与功能，通过形成协调统一、共同协作的教育格局，以强化对农民的法治教育；另一方面采用多种形式的法律教育途径，如开展传统的标语与摊点的法律宣传、参与庭审判决与纠纷调解的法治实践教育和新媒体平台的法治教育等，从而提升农民的法治意识。

（二）规范乡村权力运行

乡村基层权力得不到规范，将必然产生权力的腐败，从而导致政府公信力下降、法律权威丧失，人民群众不信任、不认同法律，致使法治成为幻想。所以，基层权力规范化是法治乡村建设的关键。在实践中，加强权力的规范化建设，一方面要加强基层干部依法用权。权力来源于人民的赋予，因而权力要为民所用，这就要求用权必须在法律许可的范围内，且要受到监督。基层干部应自觉遵守国家法律，要不断深化"以人民为中心"的价值理念，提升公仆意识和规则意识，提高基层干部依法用权观念。另一方面要科学界分和合理配置权力。随着社会发展与改革的进一步深入，现存的一些权力配置不符合甚至违背"以人民为中心""群则对等"的理念要求，特别是基层权责不清、机构臃肿导致的"办事难"问题已经成为人民群众痛心疾首的问题。为此，要进一步完善涉农法律法规，科学界分权责、理顺部门关系，提升权力配置的科学化、规范化水平。同时，加强对权力运行的监督。无监督的权力必然走向腐败，规范基层权力需要强化对权力的监督。要完善制度监督，健全法律监督机制，进行稳定的常态化监督，积极拓展和创新人民群众参与监督的途径与渠道，鼓励人民群众多种形式监督，以形成全社会广泛监督氛围和格局。

（三）强化法律有效实施

法律的生命在于实施，无法实施的法律尽管也规定着人们广泛的权利，但也只是一纸空文。法治乡村建设的根本目标是构建农民群众的美好生活，而美好生活的关键在于人民权利得到实现。因此，这就要求法律发挥保障作用，特别是通过法律的有效实施切实维护农民群众的权利。同时，只有法律的有效实施才能维护自身的权威性与至上地位，也才能形成良好的法治环境。在此意义上，法治乡村建设要以强化法律的有效实施为核心。在实践中，强化法律的有效实施，一方面要求法律本身必须是体现公平正义与人民立场的良法，也就是说，只有把维护农民群众的根本利益作为涉农法律的根本目标与原则，才能得到农民群众的内心认同，也才能得到农民群众的自觉遵守。另一方面要求乡村基层执法机关严格执法。依法严格执法是维护法律尊严和农民权利的基本要求，所以要对损害农民利益的行为进行依法查处和坚决打击，如环境污染、涉农资金违规使用、涉农项目质量不达标、基层干部履职不力的问题等，都深切地关系到农民群众的根本利益，只有依法依规严格追查责任，对违法违规行为进行严肃处理，才能消除不法侵害，才能赢得农民群众的谅解与支持；此外，基层司法机关要公正司法。司法是专门适用法律的活动，也是维护人民利益的最后一道防线。司法是否公正直接关系到人民是否认同和信仰法律，也直接关系到法治的基石是否稳固。为此，乡村基层司法机关及其工作人员要坚持法律至上与法律面前人人平等的原则，恪守职业道德，维护司法正义，做到每一起案件都能经得起法律、人民和历史的考验。

（四）创新法律服务模式

法律服务是法治生活得以顺利进行的保证。法治生活在本质上是法律需求与法律供给相互作用的动态平衡过程。在这个过程中，法律需求表现为希望通过法律使自己的权利得到维护与实现，而法律供给则是为满足法律需求而开展的以法律为内容的活动，其中法律服务诸如法律咨询、法律援助、法律调解、司法鉴定、公证仲裁等是法律供给的重要内容。在广大农村，农民运用法律维护自己的权利需要法律服务，法律服务供给是农民法治生活不可或缺的组成部分。所以，法治乡村建设要以创新法律服务供给为重点。一方面要建立法律服务的多元供给机制。当前农村的法律服务在总体上不足，而已有的法律服务又主要依赖于基层司法行政机关的供给，这显然难以满足日益增长的农民法律需求。为此，要在整合已有法律服务资源，如基层司法、公安、司法所、司法鉴定、公证、仲裁、调解部门的基础上，积极引进市场供给法律服务，鼓励社会组织提供法律服务，以及培养法律明白人进行自我服务等，从而形成多元化的法律服务供给格局，以满足农民法律服务需求。另一方面要建立法律服务的精准供给机制。传统的法律服务，如"送法下乡"经常是形式有余而效果不佳，这主要是因为其采用的是一种"运动式"的法律服务供给模式，而这一模式不能及时满足农民对法律服务的需求，也不能满足农民个性化的法律需求。为此，可探索构建"一村一法律顾问"模式，通过推进法官或律师等专业法律人才进村社，及时满足农民群众的法律需求。同时，也要构建"互联网+法律服务"模式，推进运用新媒体、大数据、云计算等获取有效法律服务需求，从而以需求为导向及时提供精准化的法律服务。

参 考 文 献

［1］尹金承，庄晋，成华. 论乡村振兴战略的思想体系及其实践创新［J］. 云南财经大学学报，2019（6）：3—16.

［2］崔日明，韩渊源. 乡村振兴战略下农村集体经济的发展路径研究［J］. 农业经济，2019（5）：6—7.

［3］李阳，亓光勇，熊坤新. 乡村振兴战略中的创新发展研究［J］. 北方民族大学学报（哲学社会科学版），2019（3）：123—130.

［4］于法稳. 乡村振兴战略下农村人居环境整治［J］. 中国特色社会主义研究，2019（2）：80—85.

［5］潘传辉，创新农村基层党建与推进乡村振兴战略［J］. 人民论坛，2019（8）：40—41.

［6］孔祥智. 实施乡村振兴战略的进展、问题与趋势［J］. 中国特色社会主义研究，2019（1）：5—11.

［7］王颂吉，魏后凯. 城乡融合发展视角下的乡村振兴战略：提出背景与内在逻辑［J］. 农村经济，2019（1）1—7.

［8］陈锡文. 实施乡村振兴战略，推进农业农村现代化［J］. 中华儿女，2018（13）：68—71.

［9］叶兴庆. 新时代中国乡村振兴战略论纲［J］. 改革，2018（1）：65—73.

［10］唐任伍. 新时代乡村振兴战略的实施路径及策略［J］. 人民论坛·学术前沿，2018（3）：26—33.

［11］周天勇.“五大协同”走好乡村振兴战略大棋局［J］. 中国党政干部论坛，2018（4）：27—31.

［12］王立胜.对实施乡村振兴战略要系统性把握［J］.中国党政干部论坛，2018（4）：36—38.

［13］蒋永穆.基于社会主要矛盾变化的乡村振兴战略：内涵及路径［J］.社会科学辑刊，2018（2）：15—21.

［14］叶敬忠.乡村振兴战略：历史沿循、总体布局与路径省思［J］.华南师范大学学报（社会科学版），2018（2）64—69，191.

［15］吴重庆，陈奕山，新时代乡村振兴战略下的农民合作路径探索［J］.山东社会科学，2018（5）：19—27.

［16］郭晓鸣.乡村振兴战略的若干维度观察［J］.改革，2018（3）：54—61.

［17］张静.中国特色经济合作理论研究［D］.长春：吉林大学，2018.

［18］黄文君.乡村振兴战略下村党组织领导乡村治理机制研究［D］.广州：华南理工大学，2018.

［19］李冰.二元经济结构理论与中国城乡一体化发展研究——基于山西省的实证分析［D］.西安：西北大学，2010.

［20］蒋萍.民国时期北碚地区的旅游业［D］.重庆：西南大学，2010.

［21］章守芹.区域本色形象和旅游诱导形象的遮蔽研究［D］.大连：东北财经大学，2011.

［22］于卿.生态产业型村庄经验及发展战略实证研究［D］.杭州：浙江工业大学，2015.

［23］国务院发展研究中心农村经济研究部课题组.德国乡村振兴的主要做法及启示［R］.调查研究报告，2018.

［24］郑起焕.农村发展的新途径：韩国新村运动实例研究［C］.乡村治理与乡镇政府改革国际研讨会，2006：282—293.

［25］周文彰，蒋元涛.十九大关于我国社会主要矛盾新论断的依据和意义［J］.先锋，2017（11）：13—15.

［26］习近平.全面贯彻党的十九大精神坚定不移将改革推向深入［J］.紫光阁，2017（12）：7.

［27］郭殿生，宋雨楠.马克思恩格斯城乡融合思想的新时代解读［J］.当代

经济研究，2019（2）：16—22.

［28］伟大光辉的历程——建党以来农村政策回顾［J］.农村工作通讯，2011（13）：6—19.

［29］金盛先.以习近平新时代"三农"思想引领乡村振兴［J］.上海农村经济，2018（4）：17.

［30］蔡昉.中国改革成功经验的逻辑［J］.中国社会科学，2018（1）：29—44.

［31］赵树凯.关于乡镇改革历史进程的考察［J］.经济研究参考，2008（32）：44—47.

［32］梁世夫，姚惊波.农业多功能性理论与我国农业补贴政策的改进［J］.调研世界，2008（4）：7—19.

［33］张来武.产业融合背景下六次产业的理论与实践［J］.中国软科学，2018（5）：1—5.

［34］连玥晗.经济增长理论演进文献综述［J］.经贸实践，2017（15）：163—165.

［35］杨振强，杨秋宝.从农业生产效率角度探析我国农村土地产权制度改革［J］.学术论坛，2016（1）：31—36.

［36］徐俊丽，翁贞林.交易费用、农户行为与土地规模经营研究进展与述评［J］.江西农业学报，2018，30（8）：115—119.

［37］何坪华，杨名远.农户经营市场交易成本构成与现状的实证分析［J］.中国农村经济，1999（6）：40—44.

［38］刘丽，吕杰.新型农业经营主体的制度比较：基于交易费用理论［J］.改革与战略，2015，31（10）：97—100.

［39］牛文元.可持续发展理论的内涵认知纪念联合国里约环发大会20周年［J］.中国人口·资源与环境，2012，22（5）：9—14.

［40］王保乾.循环经济发展模式及实现途径的理论研究综述［J］.中国人口.资源与环境，2011，21（12）：1—4.

［41］李兆前，齐建国，吴贵生.从3R到5R：现代循环经济基本原则的重构［J］.数量经济技术经济研究，2008（1）：53—59.

［42］谢斐. 生态系统服务价值评估理论的发展现状［J］. 经济研究导刊，2013（16）：207—209.

［43］谢高地，甄霖，鲁春霞，等. 一个基于专家知识的生态系统服务价值化方法［J］. 自然资源学报，2008，23（5）：911—919.

［44］朱志浩. 新民主主义革命时期毛泽东农村基层党建思想述论［J］. 毛泽东思想研究，2013（3）：62—66.

［45］李青文. 改革开放40年农村基层党组织建设的历程回顾与基本经验［J］. 齐齐哈尔大学学报（哲学社会科学版），2018（10）：21—24.

［46］蒋永甫，胡孝雯. 理论范式、制度转型与机制创新——农村治理研究综述［J］. 新东方，2018（3）：37—43.

［47］李慧慧. 乡村振兴视域下乡土文化的复兴［J］. 中共南昌市委党校学报，2018，16（5）：61—65.

［48］庄龙玉. 中国乡村文化的理论反思与现实检视［J］. 学术交流，2017（11）：156—161.

［49］赵永会. 让思想冲破牢笼——"农耕文化理论研讨会"综述［J］. 中共成都市委党校学报（综合性思想理论），1999（3）：63—64.

［50］王沪宁. 中国：社会质量与新政治秩序［J］. 社会科学，1989（6）：20—25.